이율곡 읽기

세창사상가산책 2

이율곡 읽기

초판 1쇄 인쇄 2013년 11월 10일
초판 1쇄 발행 2013년 11월 15일

-

지은이 황의동
펴낸이 이방원
기획위원 원당희
편집 조환열·김명희·안효희·강윤경
디자인 박선옥·손경화
마케팅 최성수

-

펴낸곳 세창미디어
출판신고 2013년 1월 4일 제312-2013-000002호
주소 120-050 서울시 서대문구 경기대로 88 냉천빌딩 4층
전화 02-723-8660
팩스 02-720-4579
이메일 sc1992@empal.com
홈페이지 http://www.sechangpub.co.kr/

-

ISBN 978-89-5586-193-8 04150
ISBN 978-89-5586-191-4 (세트)

이 도서의 국립중앙도서관 출판시도서목록(CIP)은 서지정보유통지원시스템 홈페이지(http://seoji.nl.go.kr)와
국가자료공동목록시스템(http://www.nl.go.kr/kolisnet)에서 이용하실 수 있습니다. CIP제어번호: CIP2013022318

세창사상가산책 | 李珥

이율곡 읽기

황의동 지음

2

세창미디어

머리말

    율곡 이이栗谷 李珥, 1536~1584는 퇴계와 더불어 조선 유학을
대표하는 인물이다. 우리는 흔히 '퇴율철학'이라 할 만큼 퇴계
와 율곡은 조선성리학을 대표하는 위치에 있다. 율곡과 퇴계
는 같은 시대를 살았지만 기질도 다르고 삶의 지향도 달랐다.
퇴계가 순수한 학자였다면 율곡은 학자이면서 경세가였다.
퇴계가 공자형의 학자였다면 율곡은 맹자형의 학자였다. 퇴
계가 학문과 교육을 통해 인간의 변화와 사회의 변화를 추구
했다면, 율곡은 학문과 정치를 통해 인간의 변화와 사회개혁
을 하고자 했다.

    율곡은 천재형의 철학자로서 스승 없이 독학으로 일가를 이
루었다. 어머니 신사임당의 훈육을 바탕으로 총명한 자질로

써 조선성리학의 큰 봉우리를 이룩하였다. 그는 퇴계 이황退溪 李滉의 주리主理 철학과 화담 서경덕花潭 徐敬德의 기氣철학을 종합하는 위치에서 이기理氣 조화의 철학을 활짝 열었다.

　퇴계는 천리로서의 이理를 지극히 높여 존숭했지만, 율곡은 퇴계에 의해 경시된 기氣에 주목하였다. 즉 이理도 중요하지만 기도 중요하다는 것이 율곡철학의 기본 정신이다. 율곡은 송대 주자의 철학정신을 충실히 계승하였다. 아마도 율곡이야말로 조선의 유학자 가운데 주자의 철학정신을 가장 잘 이해하고 계승한 유학자라 생각된다. 혹자는 퇴계를 가리켜 주자의 충실한 계승자라고 평가하기도 하지만 이는 맞지 않는 것 같다. 퇴계의 이발理發만 해도 그렇고, 강화된 주리론적 사고도 그렇다. 필자는 주자의 철학정신이 이理와 기의 균형과 조화에 있다고 확신한다. 율곡은 이러한 주자의 철학정신을 충실히 계승하였고, 어떤 면에서는 이를 더욱 강화한 면이 많다. 율곡의 이러한 철학정신이 '이기지묘理氣之妙'로 언표되고, 또 이를 구체적으로 설명한 것이 바로 '기발이승氣發理乘'이요 '이통기국理通氣局'이다. 율곡에게서는 본체세계든 현상세계든 이理와 기는 떨어질 수 없다. 그리고 이理가 있으면 반드시

기도 있어야 하고, 기가 있으면 반드시 이理도 있어야 한다. 이理 없는 기도 불가하고 기 없는 이理도 불가하다. 이理와 기는 그 홀로서는 반쪽이요 불완전하다. 반드시 이理와 기는 함께 있어야 한다. 이것이 율곡 이기지묘의 철학정신이다.

율곡은 49년의 생애를 철학자로서의 삶과 경세가로서의 삶으로 병행했다. 가히 '이기지묘'의 삶이라 할 만하다. 또 그의 학문은 이학理學으로서의 성리학과 기학氣學으로서의 경세학으로 구성되어 있다. 마찬가지로 이기지묘의 학문체계라 할 수 있다. 율곡학을 참으로 이해하는 것은 성리학과 경세학을 아울러 알 때 가능하다. 경세학의 철학적 근거가 성리학이고, 성리학의 현실적 구현이 경세학으로 드러난 것이다. 성리학과 경세학이 체용일원으로 하나가 되고 회통하는 논리를 갖는다.

이 책은 율곡에 대한 안내서이자 지침서라 할 수 있다. 성리학의 이해란 그리 쉬운 일이 아니다. 전문적인 지식과 식견이 없이는 올바른 이해가 어렵다. 필자는 가능한 한 율곡의 성리학을 쉽게 서술해 보고자 노력하였다. 제1장에서는 율곡의 생애를 특징적으로 또 시대적으로 조합하여 설명해 보았다. 제2장에서는 율곡의 대표적인 저술들을 간략히 소개하였다. 율곡의 철학과 사상이란 결국 그의 말과 글을 통해 알 수 있는 것이라는 점에서 그의 저술에 대한 이해는 꼭 필요하다. 제3장에서는 율곡의 성리학을 서술하였다. 율곡의 자연존재에 대한 이해, 인간존재에 대한 이해, 수양론, 인식론 등을 알기 쉽게 설명하였다. 제4장에서는 율곡의 경세적 실학사상을 소개하였다. 율곡은 투철한 우환의식을 갖고 나라와 민생에 대한 근심걱정을 많이 하였다. 그리고 16세기 후반을 개혁의 시기로 규정하고, 개혁의 논리와 방법을 구체적으로 제시하였다. 이러한 그의 개혁론은 18세기 조선후기 실학의 선하先河가 되었다는 점에서 매우 중요한 의미가 있다. 제5장에서는 율곡의 학문적 특징에 대해 논하였다. 주자학의 계승과 창신, 개방적 학풍, 도학적 관점으로 나누어 설명하였다. 끝으로 제6장에서는 율곡의 학문적 위상에 대해 언급하였다. 이는 한국유학사에서의 율곡의 자리매김이라는 점에서 새겨볼 가치가 있다.

필자는 30여 년 넘게 율곡철학을 연구해 왔다. 많은 글을 썼지만 아직도 부족한 점이 많다. 글이란 많이 아는 만큼 쉽게 씌어진다고 하는데, 역시 어렵게 읽힌다면 그것은 전적으로 필자의 책임이다.

조선의 수많은 유학자 가운데 율곡은 세계에 내놓아도 부족함이 없는 위대한 철학자다. 그리고 그는 관념적인 철학자가 아니라 시대정신에 투철하고 나라와 백성에 대한 우환의식을 가지고 개혁에 앞장섰던 실천적 지성이었다. 이러한 율곡에 대한 이해는 이 시대를 살아가는 우리 모두의 교양이라고 생각된다. 싸이의 말 춤이 온 누리를 누비고 한류韓流가 지구촌을 뜨겁게 달구고 있다. 이제 율곡의 철학이 세계의 철학으로 그 지평을 넓혀야 한다. 진정한 세계화는 우리 것을 인류의 보편적 문화로 만드는 데 있다. 그에 앞서 우리 자신이 먼저 우리 것을 알아야 하지 않겠는가? 한국의 대표적인 유학자 율곡을 안다는 것, 이것이 우리가 해야 할 일이다.

이 책이 율곡을 아는 데 조금이나마 도움이 되기를 기대한다. 부족한 글을 좋은 책으로 만들어 준 세창미디어 편집부 여러분에게 감사의 인사를 드린다. 아울러 항상 곁에서 든든히 내조를 해 준 아내 오정희에게도 고마운 뜻을 전하고 싶다.

2013년 10월
태암서재台巖書齋에서
황의동黃義東

1

철학자로, 경세가로서의 49년

1
근대의 여명과 함께 태어나다

이이李珥, 1536~1584는 1536년(중종 31년) 음력 12월 26일 강원도 강릉부 북평촌 오죽헌 외가에서 아버지 이원수李元秀 공과 어머니 신사임당申師任堂 사이에서 4형제 중 셋째로 태어났다. 본관은 덕수 이씨德水 李氏요 어릴 적 이름은 숙헌叔獻이고 호는 율곡栗谷이다. '율곡'이란 호는 경기도 파주 율곡촌이 부친의 고향으로 친족들이 살던 곳이기 때문이다.

율곡은 16세기 조선조의 대표적인 유학자로서 퇴계 이황退溪 李滉, 1501~1570과 더불어 쌍벽을 이룬다. 그는 문묘文廟에 모셔진 '동국東國 18현賢'의 한 분으로 존경받으며, 기호유학을 활짝 연 철학자이기도 하다. 그는 49년의 짧은 생애를 살았지만, 한편으로는 철학자의 삶을 살면서, 또 다른 한편으로는 경세가로서의 삶을 바쁘게 살았다.

철학은 시대의 산물이라고 하듯이, 율곡의 철학 또한 시대의 산물이다. 율곡의 시대는 서양에서 이른바 '근대의 여명기'

였다. 중세의 암운이 걷히고 인간의 가치를 재발견하는 르네상스의 시대였다. 1517년 독일의 루터는 95개조를 발표하고 종교개혁의 불을 당겼고, 이어 1541년 칼뱅이 스위스 제네바에서 종교개혁운동을 시작하였다. 당시 교회의 부패와 잘못된 신앙에 대해 기독교 개혁운동을 전개했던 것이 바로 이때였다. 그리고 1547년 미켈란젤로가 성 베드로 성당의 조영주임에 임명되어 '천지창조' 등 성화聖畵작업을 시작하였고 1564년에는 세상을 떠났다. 또 1571년에는 독일의 천문학자 케플러가 탄생하고, 1582년에는 마테오리치가 중국 광동에 왔으며, 독일의 뷔르츠부르크대학과 영국의 에딘버러대학이 창립된 것도 이 시기였다.

일본을 통일한 도요토미 히데요시豊臣秀吉는 1536년 율곡과 같은 해에 태어났고, 율곡이 세상을 떠나기 전 해인 1583년에는 만주의 여진 추장 누르하치가 기병을 하였다. 또 이탈리아의 갈릴레이가 진자의 등시성을 발견한 것도 1583년이다. 이처럼 율곡이 살던 시대는 루터, 칼뱅 등에 의해 종교개혁운동이 벌어지고, 미켈란젤로, 코페르니쿠스, 갈릴레이, 케플러 등에 의해 근대 과학과 예술이 찬란하게 꽃피던 시대였다. 즉 중세의 암운이 서서히 걷히고 근대의 여명이 밝아오는 시대였다.

한편 조선조의 시대적 상황은 1506년 박원종 등이 연산군을 폐하고 진성대군을 왕으로 옹립한 중종반정이 일어났고, 1519년(중종 14년)에는 조광조趙光祖 등 젊은 유학자들이 유교적 이상정치를 추구하다 억울하게 희생되는 기묘사화가 일어났다. 조광조는 율곡이 가장 존경했던 인물로 처음에는 중종의 총애를 받고 그의 동료들과 함께 유교의 이상정치至治를 실현하고자 노력했으나, 반대파의 모함으로 조광조, 김정金淨, 기준奇遵 등 많은 유학자들이 죽임을 당하고 귀양을 가게 되었다.

또한 1545년(인종 1년)에는 인종이 죽고 어린 명종이 즉위하자, 문정왕후의 섭정하에 명종의 외숙 윤원형이 인종의 외숙인 윤임 등을 죽이고 축출한 을사사화가 일어났다. 이에 연루되어 유인숙柳仁淑, 송인수宋麟壽 등 많은 유학자들이 희생되었다. 1498년(연산군 4년) 김종직金宗直의 「조의제문弔義帝文」을 실록에 수록하느냐를 가지고 일어났던 무오사화, 1504년(연산군 10년) 연산군의 생모 윤씨의 죽음과 폐비문제가 발단이 되어 일어난 갑자사화를 포함하여 기묘사화, 을사사화가 반세기 동안 계속되었다. 이는 정치적 변란으로 여기에 연루된 수많은 양심적 지식인들이 희생을 당했으니 참으로 불행한 일이었다.

율곡의 시대는 아직 사화의 여독과 연산시대의 잔재는 남아 있지만, 사림의 기상이 서서히 싹트고 언로가 조금씩 열려가는 시대였다. 또 퇴계 이황, 화담 서경덕, 회재 이언적晦齋 李彦迪, 하서 김인후河西 金麟厚 등 훌륭한 유학자들에 의해 성리학의 연구가 활발하게 이루어지기도 했다.

또한 인사를 담당하는 요직인 이조 전랑직을 둘러싼 김효원金孝元과 심의겸沈義謙의 논쟁이 동인, 서인의 당파로 번지고, 1590년에는 동인이 남인, 북인으로 분당되어 당쟁이 더욱 심화되고 있었다.

한편 동아시아의 안보환경은 일본이 100여 년의 혼란시대를 극복하고 도요토미 히데요시에 의해 통일되고, 1583년에는 만주 여진의 추장 누르하치가 기병하여 한반도를 둘러싼 국제적 환경이 불리하게 돌아가고 있었다. 결국 1592년 왜는 조선을 침략하여 임진왜란을 일으켰고, 청은 1627년에 정묘

호란, 1636년에는 병자호란을 일으켰던 것이다.

2
총명했던 어린 시절

율곡의 부친 이원수 공은 사헌부 감찰로서 오늘날 법무부의 중견 공무원이라고 볼 수 있고, 모친 신사임당은 진사 신명화의 딸로 오늘날 현모양처의 모델로 일컬어진다. 율곡이 태어난 오죽헌烏竹軒은 율곡의 외가로서, 어머니 신사임당이 태어난 곳도 바로 이곳이다. 집주위에 검은 대나무가 많아 '오죽헌'이라 이름 하였는데, 이는 이곳에 거처하던 율곡의 이종 사촌 권처균權處均이 자신의 아호를 '오죽헌'이라 이름 한 데서 연유한 것이다.

율곡의 어머니 신사임당은 율곡을 낳기 전에 태몽을 꾸었는데, 검은 용이 침실 쪽으로 날아와 마루에 서려 있는 꿈이었다고 전해진다. 그래서 율곡의 어렸을 적 이름은 '현룡見龍'이었다. 어느 날 외할머니가 석류 한 개를 보여주며 "이 물건이 무 엇과 같으냐?"고 물었다. 세 살 먹은 어린 율곡은 옛 시를 인 용해 "은행은 껍질 속에 덩어리 푸른 구슬 머금었고, 석류는 껍질 안에 부서진 붉은 구슬 싸고 있네"라고 대답해 주위 사람 들을 놀라게 했다.

1541년(중종 36년) 율곡의 나이 6살 때 그는 어머니를 따라 강 릉 외가를 떠나 한양의 본가로 왔다. 그의 어린 시절의 학문적 기초는 어머니 신사임당에 의해 훈육되었다. 신사임당은 율곡 에게 있어 자애로운 어머니이자 훌륭한 스승이었다. 율곡이 쓴 어머니의 「행장」을 보면 그의 인품이 잘 나타나 있다.

어머니의 이름은 모某로 진사 신공申命和의 둘째딸이다. 어렸을 적에 경전에 통했고 글도 잘 지었으며, 글씨도 잘 썼다. 또한 바 느질을 잘하고 수놓기까지 정교하지 않음이 없었다. 게다가 천 성이 온화하고 얌전하였으며, 지조가 정결하고 행동이 조용하 였으며, 일을 처리하는 데 편안하고 자상하였다. 말이 적고 행 실을 삼가고 또 겸손하였으므로 신공이 사랑하고 아꼈다. … 17 일 새벽에 갑자기 돌아가시니, 향년이 48세였다. … 어머니는 평소에 묵화를 그리는 재주가 뛰어났는데, 7살 때에 안견의 그림을 모방하여 산수도를 그린 것이 아주 절묘하다. _『栗谷全書』, 卷18,「先妣行狀」

이와 같이 신사임당은 학문, 문장, 서예, 그림, 수예 등 다방면에 탁월한 재주를 가졌으며, 인품이 훌륭하고 교양을 갖춘 요조숙녀였다.

율곡은 1542년 이웃집에 살던 진복창陳復昌이란 사람을 소재로 글을 썼다. 이것이 『율곡전서』에 전해지는 「진복창전陳復昌傳」인데, 이는 율곡의 첫 번째 작품이요 글이라 해도 과언이 아니다. 7살의 소년 율곡이 이웃집 진복창의 인품을 소재로 글을 쓴 것인데, 그의 인품을 이렇게 묘사하고 있다.

군자는 마음속에 덕을 쌓는 까닭에 마음이 늘 태연하고, 소인은 마음속에 욕심을 쌓는 까닭에 마음이 늘 불안하다. 내가 진복창의 사람됨을 보니 속으로는 불평불만을 품었으되 겉으로는 태연한 척한다. 이 사람이 벼슬자리를 얻게 된다면 나중에 닥칠 걱정이 어찌 한이 있으랴. _『栗谷全書』, 卷33,「年譜」

그런데 진복창은 훗날 윤원형과 함께 을사사화를 일으킨 장본인으로 만인의 비난을 받은 부도덕한 인물이었으니, 율곡의 사람보는 안목이 예사롭지 않다. 1543년 율곡의 나이 8살 때 그는 경기도 파주 임진강가의 화석정花石亭에 올라 이곳에서 시를 지었는데, 그의 문학적 자질을 엿볼 수 있다.

숲속 정자에 어느덧 가을이 저무는데,
나그네의 생각 한이 없어라.
멀리 흐르는 물은 하늘에 닿아 푸르고,
서리 맞은 단풍은 햇볕을 향해 붉었네.
산은 둥근 달을 토해내고,
강은 만리의 바람을 머금었도다.
하늘가의 저 기러기 어디로 가는지,
저무는 구름 속으로 울음소리 끊기네.

_『栗谷全書』, 卷1, 詩, 「花石亭」

여덟 살 어린 소년의 글답지 않게 자연을 깊이 관조한 율곡의 문학적 소양을 잘 보여준다. 또 10살 때에는 경포대를 대상으로 한 글을 지었는데, 그 일부분을 감상해 보기로 하자.

───

아! 명예의 굴레가 사람을 얽어매고 이욕利欲의 그물이 세상을
덮는데, 그 누가 속세를 초월하여 한가로움을 즐길 것인가. 모
두 이리 뛰고 저리 뛰다가 스스로 지치는구나. … 나그네가 웃
으면서 대답한다. 세상에 나아가 도를 행하는 것과 물러나 숨는
것은 운수에 달렸고, 화복禍福은 시기가 있는 법, 구한다고 얻을
수 있는 것이 아니고 버려도 버릴 수 없나니, 그만 두자, 마침내
인력으로 취할 수 없으니, 명命이라 마땅히 조화하는 대로 따를
뿐이네. 하물며 형상은 만 가지로 나뉘지만, 이치가 합함은 하
나임에랴.

죽고 사는 것도 분변하지 못하거늘, 하물며 오래고 빠름을 구분
하랴. 장주莊周는 내가 아니고 나비는 실물이 아니니, 참으로 꿈
도 없고 진실도 없으며, 보통사람이라 해서 없는 것도 아니고
성인이라 해서 있는 것도 아니거늘, 마침내 누가 이득이고 누가
손해이겠는가. 그러므로 마음을 텅 비워 사물에 응하고 일에 부
딪치는 대로 합당하게 하면, 정신이 이지러지지 않아 안을 지킬
터인데, 뜻이 어찌 흔들려 밖으로 달리겠는가. 달達해도 기뻐하

지 않고 궁窮해도 슬퍼하지 않아야 출세와 은거隱居의 도를 완전히 할 수 있으며, 위로도 부끄럽지 않고 아래로도 부끄럽지 않아야 하늘과 사람의 꾸지람을 면할 수 있다네. _『栗谷全書』, 拾遺, 卷1,「鏡浦臺賦」

여기서도 어린 소년의 글답지 않게 세속을 뛰어넘는 초탈의 경지를 볼 수 있고, 유가적 세간世間의 삶과 도가적 출세간出世間의 삶의 기로에서 고뇌하는 소년 율곡의 모습을 볼 수 있다. 율곡은 이미 어려서 신동으로 불리었고, 13살에 진사초시에 합격한 이래 무려 아홉 번이나 장원 급제를 해 '구도장원공九度壯元公'이라는 별명을 얻기도 했다. 물론 유학자가 과거시험에 연연하는 것이 자랑은 아니지만, 당시 강원도 궁벽한 강릉의 촌뜨기 소년이 세상을 향해 나아가는 방법은 이 길밖에 없었다. 집안이 명문가라면 그렇게 하지 않아도 되겠지만, 율곡의 경우는 과거시험을 통해 신분 상승의 길을 모색할 수밖에 없었다. 율곡은 본래 모친에게서 유교적 기초교육을 받았을 뿐이다. 일정한 스승에게서 수학한 일이 없이 독학으로 자득했다고 볼 수 있다. 그는 타고난 총명으로 시험마다 수석합격의 영예를 지녔으니, 이미 어려서부터 명성이 자자했음을 알수 있다.

3
어머니 신사임당申師任堂의 죽음과 금강산 출가

1551년 5월 17일 율곡의 나이 16살 때 존경하는 어머니 신사임당이 48세를 일기로 세상을 떠났다. 모자간에 비슷한 나이로 세상을 떠난 것은 무슨 우연인가? 율곡은 부친 이원수공과 함께 우수운 판관으로 서해 바다에 갔다 돌아오는 길에 서강(오늘날 마포 부근)에서 어머니의 부음을 들었다. 율곡은 부친과 함께 주자가례에 따라 상례를 마치고 모친을 경기도 파주 자운산紫雲山에 안장하고, 이곳에서 3년 동안 여묘廬墓살이를 하며 극진히 예를 다했다. 율곡에게 어머니의 죽음은 충격이었고, 이로 인해 정신적 방황이 시작되었다. 율곡은 1554년 19살 때에 어머니의 3년 상을 마치고 홀연히 금강산으로 들

어가게 된다. 이 사건은 율곡의 생애에서 중요한 의미를 갖는
다. 율곡이 왜 금강산으로 출가를 했을까? 이에 대한 논의는
여러 가지 얘기가 오갈 수 있는데, 이에 대한 다음 『실록』의 기
사는 이해에 도움이 된다.

이이는 어려서부터 이미 문장으로 이름이 있었고, 일찍 모친상
을 만나 장례를 치르는 데 정성이 지극하였다. 그 부친의 첩이
그를 사랑하지 않았고, 또 부친은 일찍부터 불교경전을 좋아하
였다. 그의 나이 16, 17세 때에, 어떤 중이 죽은 사람의 영혼을
위해 복을 빈다는 이야기로 그를 유혹하였으므로, 그는 가족에
게 알리지 않고 의복을 정돈하여 금강산으로 들어갔다. _『明宗
實錄』, 명종 21년 3월 24일조

여기서 보면 율곡의 출가는 여러 가지 사연이 복합적으로 작
용한 것 같다. 우선 모친의 죽음 이후 정신적 방황과 함께 모친
의 명복을 빈다는 목적도 있었고, 또 가정적으로는 서모와의
불화도 한 요인이 되었을 것이다. 더욱이 부친이 일찍부터 불
교경전을 좋아했다는 것도 율곡이 금강산에 들어가 불교에 잠

시 발을 들여놓는 데 일조를 한 것이 아닌가 짐작된다.

율곡의 금강산 출가는 뒷날 두고두고 율곡을 비난하는 빌미가 되기도 했지만, 오늘날 객관적으로 평가해 보면 율곡의 학문과 철학이 보다 깊어지고 넓어지는 데 큰 도움이 되었다. 율곡이 퇴계와는 달리 개방적 입장에서 학문을 한 것이나, 실제로 그의 철학에서 느껴지는 회통의 논리는 분명 불교적 영향이라고 아니 할 수 없다.

율곡의 금강산 생활은 구체적으로 알 수 없지만, 그가 남긴 몇 가지 시를 통해 그의 불교적 이해의 폭과 깊이를 이해할 수 있다. 다음「동문을 나서면서」라는 시를 감상하자.

하늘과 땅은 누가 열었으며,

해와 달은 누가 갈고 씻었는가.

산과 냇물은 얽혀 있고,

추위와 더위는 서로 교차하는구나.

우리 인간은 만물 가운데 처하여,

지식이 가장 많도다.

어찌 조롱박과 같은 신세가 되어,

쓸쓸하게 한곳에만 매여 있겠는가.

온 나라와 지방 사이에,

어디가 막혀 마음껏 놀지 못할까.

봄빛 무르익은 산 천리 밖으로,

지팡이 짚고 떠나가리.

나를 따를 자 그 누구일까.

저녁나절을 부질없이 서서 기다리네.

_『栗谷全書』, 卷1, 詩,「出東門」

우주 자연 가운데 가장 똑똑한 인간을 말하면서, 조롱박 신세가 아닌 대자연의 경계를 자유롭게 넘나드는 대자유인의 기개를 잘 보여주고 있다. 또 이는 세속과 초월세계를 경계없이 넘나드는 무애無碍의 경지를 보여주기도 한다.

또 율곡은「풍악산에서 작은 암자에 있는 한 노승에게 시를 지어주다」라는 시를 썼는데, 이 시를 감상하기로 하자.

물고기 뛰고 솔개가 나는 것 위아래가 한가지니,

이것은 색色도 아니고 공空도 아니네.

무심하게 한 번 웃고 나의 신세를 돌아보니,

석양 무렵 나무 숲속에 홀로 서 있네.

_『栗谷全書』, 卷1, 「楓嶽贈小庵老僧」

율곡이 금강산에서 유람할 때 어느 암자의 노승과 깊은 대화를 나누고 써준 시다. 『시경』의 시를 인용해 불교의 '공이 곧 색이요 색이 곧 공이다空卽是色 色卽是空'를 이해하는 율곡의 회통의 경지를 잘 보여준다. 율곡은 1년여의 불교생활을 마감하고 1555년 20세가 되던 해 봄 마침내 강릉 외가로 돌아오게된다. 산에서 내려올 때 보응普應이라는 스님과 동행하였고, 풍암 이광문豊巖 李廣文의 초당草堂에서 하룻밤을 묵으며 다음과 같은 시를 썼다.

도를 배우니 곧 집착이 없구나,

인연을 따라 어디든지 유람하네.

잠시 청학青鶴의 골짜기를 이별하고,

백구白鷗의 땅에 와서 구경하노라.

이내 몸 신세는 구름 천리이고,

하늘과 땅은 바다 한 구석일세.

초당에서 하룻밤 묵어가는데,

매화에 비친 달 이것이 풍류로구나.

_『栗谷全書』, 卷1, 詩,「與山人普應下山至豊巖李廣文」

여기서도 율곡은 금강산에서 불교에의 여정을 끝내고 이제 세속을 찾은 소회를 잘 표현하고 있다. 비록 환속은 했지만 세속과 초탈에 매이지 않으려는 자유로운 경지를 볼 수 있고, 초당에서의 하룻밤 매화에 비친 달을 통해 풍류를 즐기는 넉넉함을 볼 수 있다. 이렇게 본다면 청년 율곡시대에 있어 불교는 그에게 하나의 소중한 가르침이 되었음을 부정하기 어렵다.

그리고 그의 금강산 출가와 불교에의 여정은 그로 하여금 순유醇儒로서의 흠이 아니라, 오히려 보다 넓은 사상의 바다를 체험한 소중한 기회요 자산이었다 할 수 있다.

4
도우道友 우계 성혼牛溪 成渾과의 우정

인생에서 친우와의 만남은 매우 중요하다. 율곡의 생애에서 우계 성혼牛溪 成渾, 1535~1598과 구봉 송익필龜峰 宋翼弼, 1534~1599은 평생 돈독한 우정을 함께했던 친우였다. 이들은 모두 같은 서인계로서 정치적 길을 같이했고, 인간적인 측면에서도 우정을 변치 않았다. 특히 율곡과 성혼, 송익필은 고향이 같아 어려서부터 친밀한 교우관계를 맺고 있었다. 율곡과 성혼은 파주를 고향으로 함께하였고, 송익필은 파주에서 가까운 고양에 살았다. 이들 세 사람은 모두 기호유학의 중심인물로 큰 자취를 남겼고, 학문적으로도 크게 성공하여 후세에 존경을 받았다. 이들 세 사람의 제자들은 스승의 돈독한 우정에 따라 세 문하를 자유롭게 드나들어 사승師承관계가 서로 중첩되고 있다. 오늘날 교수들 간의 대립과 갈등으로 문하생들의 처세가 어려운 점을 생각하면 귀감이 되고도 남는다.

율곡 19살, 성혼 20살 때 두 사람은 도의로써 우정을 맺고

평생 변치 않았다. 성혼은 율곡과는 달리 좋은 가문의 출신이
다. 그의 아버지는 청송 성수침聽松 成守琛, 1493~1564으로 조광
조의 제자이다. 성수침은 동생 성수종成守琮, 1495~1533과 더불
어 조광조靜庵 趙光祖, 1482~1519의 문하에서 수학하였고, 정몽주
鄭夢周—길재吉再—김숙자金叔滋—김종직金宗直—김굉필金宏弼
의 학통을 계승하였다. 율곡은 독학으로 자득하여 스승 없이
공부했다면, 성혼은 조선조 유학의 정통계열로 일컬어지는
사림파의 정맥을 계승하였다. 율곡은 조광조를 평생 가장 존
경하고 흠모했으니, 율곡과 성혼이 모두 조광조의 후예가 된
것은 마찬가지다.

율곡과 성혼은 타고난 기품이 달랐다. 율곡이 이론에 뛰어
나고 명석하였다면, 성혼은 실천에 장점을 가지고 있었다. 그
러므로 율곡도 스스로 말하기를, 자신이 비록 철학적 이론에
있어서는 성혼보다 나을지 모르지만, 몸가짐의 독실함에 있
어서는 성혼에게 미치지 못한다고 고백하였다.

또한 율곡은 현실정치에 깊은 관심을 갖고 적극적이었지만,
성혼은 평생을 거의 처사로 지내면서 현실정치에는 소극적이
었다. 그래서 율곡은 성혼의 이러한 은둔적 처세를 못마땅하

게 생각했다. 성혼은 율곡에 대해 그의 탁월한 자질을 인정하는 동시에 큰 기대를 하고 있음에도 불구하고, 율곡의 조숙한 저술과 거침없는 주장, 그리고 여러 차례의 과거시험에 장원한 공명심, 우월감으로 혹시라도 학자 본연의 길을 잃지 않을까를 늘 걱정하였다.

성혼은 친우 율곡의 능력에 대해 잘 알고 있었고, 그 기대가 참으로 컸기에 "어리석은 저는 족하에 대한 바람이 매우 큽니다. 그리하여 중대한 임무를 맡고 원대한 경지에 이르기를 오직 족하 한 분에게 기대할 뿐입니다"라고 하였다. 성혼은 어느 날 율곡의 아들인 경임景臨에게 말하기를, "율곡은 참으로 오백 년 동안에 흔치 않게 걸출한 인물이었다. 내가 젊었을 때에 강론하면서 친구라 생각하여 서로 버티고 하였는데, 노경老境에 와서 생각해 보니 참으로 나의 스승이었으며, 나를 깨우쳐 줌이 매우 많았다"고 술회하였다. 이처럼 율곡과 성혼은 서로 존경하면서도 때로는 친우로서의 질책과 충고를 아끼지 않았다. 그러기에 두 사람은 16세기 조선조의 대표적인 유학자로 대성하여 '동국 18현'으로 문묘에 모셔졌으며, 기호유학의 양대 산맥으로서 율곡학파와 우계학파를 견인했던 것이다.

5
성인의 포부와 각오

율곡은 1555년 20살 때 금강산에 들어간 지 1년여 만에 강릉 외가에 돌아왔다. 오랜 방황을 끝내고 그는 자신의 각오를 다지는 15개조의 맹세문을 썼으니 이것이 「자경문自警文」이다. 이는 율곡이 이학異學인 불교에 잠시 빠졌다가 다시 유학의 길로 돌아오는 고백의 글인 동시에 패기만만한 한 철학도의 자기 인생에 대한 다짐이기도 한 것이다.

그는 제1조에서 '먼저 마땅히 그 뜻을 크게 가져 성인으로 표준을 삼아야 한다'고 전제하고, '만일 털끝만큼이라도 성인에게 미치지 못한다면 나의 일은 아직 완성되지 못한 것'이라 하였다. 여기서 우리는 율곡의 학문적 목표가 영의정이나 6조판서가 아니라 '성인'에 있었음을 알 수 있다. 율곡은 공자와 같은 성인을 자신이 가야 할 인생의 목표로 설정하고, 이에 미치지 못하면 자신의 할 일이 끝난 것이 아니라 하였다. 율곡은 '입지立志'를 매우 중시하였는데, 여기서도 성인에의 입지는 「자경문」의 핵심이 된다. 오늘날 젊은이들이 자신의 인생에 목표를 분명하게 설정하지 못하고 방황하거나, 설정하더라도 세속적 성공과 출세에 인생의 목표를 두고 있음에 비교할 때, 율곡의 입지와 각오가 주는 의미는 매우 중요하다고 생각된다.

율곡은 제2조에서 '마음이 정해진 자는 말이 적으니, 마음을 정하는 일은 말을 적게 하는 데서 시작한다' 하였고, 제4조에서는 '마음은 살아 있는 물건이라, 마음이 어지러워지고 혼란할 때는 마땅히 정신을 가다듬어 비추어보고 따라가지 말 것이니, 이렇게 공부를 오래하면 반드시 마음이 엉기어 정해질 때가 있을 것이라' 하였다. 제5조에서는 '항상 경계하고 두려워하여 혼자 있을 때에도 삼가는 마음을 가슴속에 지녀 생각을 거듭하고 게을리 하지 않는다면 일체의 사특한 마음이 일어나지 않을 것'이라 하였다. 제8조에서는 '새벽에 일어나서는 아침에 할 일을 생각하고, 아침 식사 뒤에는 낮에 할 일을 생각하며, 잠자리에 들어서는 내일 할 일을 생각하라 하고, 또 일이 없을 때에는 마음을 놓고 쉬며, 일이 있을 때에는 반드시 일을 처리함에 있어서 마땅한 도리를 생각해야 한다'고 하였다. 제11조에서는 '언제든지 하나의 옳지 않은 일을 행하거나, 죄 없는 한 사람을 죽이고 온 세상을 얻더라도 이를 해서는 안 된다는 생각을 가슴속에 지녀야 한다' 하였다. 끝으로 제15조에서는 '공부는 느리거나 급해도 안 되는 것이니, 죽은 뒤에나 그만둘 뿐이다. 만일 급하게 그 효과를 구하고자 한다면, 이 또한 이기심이다. 만일 이와 같이 하지 않고 부모가 남기신 이 몸을 욕되게 한다면, 이는 사람의 도리가 아니라'고 하였다.

이상 「자경문」의 내용을 검토해 볼 때, 나머지 조항은 마음 공부가 주된 내용이 되고 있고, 학문하는 자세에 대한 각오가 주가 되고 있다. 율곡이 정신적 방황을 끝내고 성인공부에 뜻을 두고, 유학자로서의 각오와 신념을 다졌다는 점에서 그 의의를 찾을 수 있다.

6
퇴계와의 만남

율곡은 1558년 봄 23살 때 당대 최고의 석학이요 존경받는 유학자였던 퇴계 이황을 경상도 예안(안동)으로 방문하였다. 율곡의 처가가 경북 성주였는데, 처가에 들르고 강릉의 외할머니를 방문하는 길에 예안의 퇴계선생을 방문하게 된 것이다. 이때 율곡은 23살의 청년 철학도였고 퇴계는 58세의 원로 유학자였다. 35세 연상인 퇴계는 율곡에게 있어서는 스승과도 같고 부모와도 같은 처지였다. 사실 율곡과 퇴계의 이 만남은 역사적인 것으로 두 사람의 처음이자 마지막 만남이었다. 이때 율곡은 퇴계에게 다음과 같은 시를 지어 올렸다.

시냇물은 수사파洙泗派에서 나뉘고,

봉우리는 무이산武夷山처럼 빼어났네.

살아가는 계획은 천 권쯤 되는 경전이고,

거처하는 방편은 두어 칸 집뿐이로다.

마음은 비 갠 하늘의 밝은 달보다 더 깨끗하고,

말씀과 웃음은 광란狂亂을 안정시킨다.

소자小子는 도道를 듣고 싶어 왔지,

한가한 시간만 보내려고 온 것이 아니라네.

_ 『栗谷全書』, 卷33, 「年譜 上」, 戊午 37年 條

이에 대해 퇴계는 율곡에게 다음과 같은 시를 주어 화답했다.

병든 나는 문 닫고 누워 봄이 온 줄도 몰랐는데,

그대가 와서 이야기하자 마음이 상쾌하구나.

이름난 선비 헛소문 없다는 것을 비로소 알겠건만,

전부터 나는 몸가짐도 제대로 못한 것이 부끄럽다.

아름다운 곡식에는 강아지풀 용납할 수 없고,

갈고 닦은 거울에는 티끌도 침범할 수 없지.

실정에 지나친 말은 모름지기 깎아버리고,

공부하는 데 각자 더욱 힘쓰세.

_ 『栗谷全書』, 卷33, 「年譜 上」, 戊午 37年 條

두 사람 간에 오고 간 이 시를 통해 율곡과 퇴계의 기품이 잘 드러나 보인다. 율곡은 퇴계의 마음이 비 갠 하늘의 밝은 달보다 더 깨끗하고, 그의 말씀과 웃음은 광란을 안정시킨다고 우러른다. 그러면서도 도를 듣고자 하는 청년 율곡의 학문적 열정을 토로한다.

반면 퇴계는 몸가짐도 제대로 못한 자신이 부끄럽다 하고, 아름다운 곡식에는 강아지풀 용납할 수 없고, 갈고 닦은 거울에는 티끌도 침범할 수 없다고 하여 추상 같은 의리의 분별을 강조하고 있다.

이때 율곡은 사흘을 머물고 돌아왔는데, 율곡이 돌아간 후 퇴계는 자신의 제자인 조목趙穆, 1524~1606에게 보낸 편지에서 다음과 같이 율곡에 대한 첫 인상을 기록하고 있다.

일전에 서울에 사는 선비 이이가 성산으로부터 나를 찾아왔었네. 비 때문에 사흘을 머물고 떠났는데, 그 사람이 밝고 쾌활하며 기억하고 본 것이 많고 자못 우리 학문에 뜻이 있으니, '후생이 가히 두렵다'는 옛 성인의 말씀이 참으로 나를 속이지 않았네. _『退溪全書』, 卷23, 書, 「答趙士敬 戊午」

이를 통해서 볼 때, 퇴계는 율곡이 총명하고 쾌활하며 박학하다는 것을 칭찬하고, 『논어』의 공자 말씀을 인용해 "'후배가 가히 두렵다'는 옛말이 결코 헛된 말이 아니라는 것을 깨달았다"고 하였다. 23살의 장래가 촉망되는 청년 율곡과 58살의 대원로 학자 퇴계와의 만남에서 있은 일이다. 퇴계가 볼 때 율곡은 총명이 반짝반짝 빛났고 장래 쓸 만한 재목이라는 확신을 갖게 되었다. 그러나 뒤에 오고 간 편지를 보면 퇴계는 율곡의 총명이 학문을 그르치고 또 지나친 자신감과 오만이 걱정된다는 뜻에서 자중하라는 당부를 잊지 않는다. 여러 문헌을 통해서 볼 때 율곡은 천재적인 자품을 타고난 것으로 알려진다. 그러므로 자칫 겸양을 잃기 쉽고 남을 업신여길 수 있다. 퇴계나 성혼에게서는 겸양이 넘쳐흐르지만, 율곡에게서는 자신만만한 패기가 나타난다. 그러므로 율곡은 선배 학자들에 대한 평가도 주저하지 않고 순위를 매기듯이 하고 있다. 이런 점은 율곡의 율곡다운 점이면서도 많은 비판과 갈등을 불러오게 된 요인이 되기도 했다.

그 후 율곡과 퇴계는 각기 5통의 서신을 주고받았는데, 율곡이 1558년, 1567년, 1568년, 1570년에 편지를 올렸고, 퇴계는 1558년, 1570년에 걸쳐 5통의 편지를 보냈다. 햇수로 보면 13년 동안 편지로 왕래를 한 셈이다. 그러나 퇴계와 기대승, 율곡과 성혼 사이에 있었던 그런 본격적인 학술 토론은 없었고, 『대학』의 일부 내용에 대한 질문과 퇴계의 지나친 은둔적인 처사를 비판하고 조속히 조정에 참여하여 임금을 성학으로 안내해 줄 것을 간곡히 권면하는 내용을 볼 수 있다.

율곡이 후일 퇴계와 쌍벽을 이루는 유학자로 대성하고, 또 고봉 기대승과 함께 퇴계의 성리학을 본격적으로 비판한 대표적인 인물이라는 점에서 두 사람의 만남은 의미 있는 것이었다.

7

세상을 경영하다

하늘은 사람에게 모든 것을 다 주지 않는다. 돈이 많은 사람에게는 명예를 주지 않고, 또 총명한 사람에게는 건강을 주지 않는다. 율곡은 총명하게 태어났지만 허약한 체질로 어려서부터 약이 떨어지지 않았다. 율곡은 비록 몸은 약했지만 현실에 대한 뜨거운 열정을 가지고 있었고, 세상을 경영할 포부와 경륜을 가지고 있었다. 퇴계가 늘 고향으로 돌아가 학문에 전념하고 제자들과 더불어 학자의 길, 교육자의 길을 걷고자 한 것과는 대조적으로 율곡은 나라와 백성에 대한 걱정을 잊지 않았다.

율곡이 살던 시대는 공부를 열심히 하여 벼슬을 하고, 자신의 역량을 나라와 백성을 위해 봉사하는 것이 학자의 본령이었다. 율곡도 이에 벗어나지 않는다. 율곡은 그 길을 가기 위해 과거시험을 보아야 했다. 13살에 진사초시에 합격한 이래 9번을 보아 9번을 수석으로 합격했다. 율곡은 1564년 29살 때 대과에 수석으로 합격하여 벼슬길에 나서게 된다. 그의 첫 직책은 호조좌랑이었다. 호조좌랑은 정6품으로 오늘날의 기획재정부의 사무관급 공무원으로 보면 될 것이다. 수석 합격자였기 때문에 품계에 특혜를 받은 것이니, 남의 주목을 받기에 족했다.

그 이듬해 봄에 율곡은 예조좌랑이 되어 요승妖僧 보우普雨

와 권간權奸 윤원형尹元衡을 처단하라는 상소를 올렸다. 이어 11월에 사간원 정언에 임명되어 사퇴하는 상소를 올렸으나 허락받지 못했다. 1566년 3월 다시 사간원 정언에 임명되어 5월에는 동료들과 함께 시무時務 3사에 관해 상소를 올렸다. 또 겨울에 이조좌랑에 임명되었고, 1568년(선조 원년) 32살 때 사헌부 지평에 임명되었다. 가을에 서장관으로 명나라에 갔다 돌아와 홍문관 부교리 겸 경연시독관 춘추관 기주관에 임명되었다. 11월에 다시 이조좌랑에 임명되었다가 강릉 외조모의 병환으로 사직하고 강릉으로 돌아갔다.

조정은 율곡을 다시 불렀다. 1569년 6월 교리에 임명되어 7월에 서울에 다시 돌아왔다. 9월에 「동호문답東湖問答」을 지어 올리고, 동료들과 함께 시무 9사를 논하는 상소를 올렸다. 그 이듬해인 1570년 4월 교리에 임명되어 서울로 다시 돌아왔다. 10월에는 병으로 사직하고 처가인 해주로 갔다. 이듬해 정월, 파주 율곡으로 돌아왔으나 다시 교리로 소환되었다. 그러나 곧 병으로 사직하고 해주로 갔다. 6월에 외직인 청주목사에 임명되었는데, 1572년(37세) 병으로 사직하고 파주로 돌아왔다.

1573년(38세) 7월 홍문관 직제학에 임명되어 사퇴했으나 허락을 못 받아 부득이 올라와 3차 상소를 올려 허락을 받고 8월에 파주 율곡으로 돌아갔다. 9월에 다시 직제학에 임명되어 사퇴하였으나 허락을 받지 못했고, 겨울 통정대부 승정원 동부승지 지제 겸 경연참찬관 춘추관 수찬관으로 승진하였다. 1574년(선조 7년) 정월 우부승지로 임명되어 저 유명한「만언봉사萬言封事」를 올려 시무를 논하였고, 3월에 사간원 대사간의 중책을 맡고, 10월에는 황해도 관찰사가 되어 목민관의 소임을 다했다. 이듬해인 1575년 3월 병으로 파주 율곡으로 돌아왔는데, 그 이듬해 우부승지, 대사간, 이조참의, 전라감사에 임명되었으나 모두 병으로 나아가지 않고, 10월에 해주 석담으로 갔다.

1578년(선조 11년) 43세 때 3월 대사간으로 임명되어 서울로 돌아와 사은하고, 4월에 파주 율곡으로 돌아갔다. 5월에 다시 대사간으로 임명되었으나 상소로 사퇴하고 만언소를 올렸다.

1579년 5월 대사간에 임명되었으나 상소로 사퇴하였지만 받아들여지지 않았다. 1580년(선조 13년) 12월 대사간으로 다시 조정에 돌아왔다. 그 이듬해 3월 병이 깊어 세 번이나 사직을 청했으나 허락되지 아니했다. 6월 가선대부 사헌부 대사헌으로 특진되었는데, 재차 사직했지만 허락받지 못하고 다시 예문관 제학도 사직고자 했지만 허락받지 못했다. 8월에 동지중추부사에 임명되었고, 9월에는 대사간에 임명되었으나 사퇴하였다. 10월 호조판서에 승진되었고, 조광조, 이황의 문묘종사를 청하고 경제사經濟司 설치를 건의하였다. 1582년(선조 15년) 정월 이조판서에, 8월에는 형조판서, 9월에는 의정부 우참찬에 임명되고 숭정대부로 특진되었다. 의정부 우찬성에 임명되자 사퇴하였으나 허락되지 않자, 만언소를 올려 시국의 폐단을 극진히 간언하였다. 10월 명나라 사신을 접대하라는 왕명을 받고 수행하였는데, 이때 명나라 사신의 요청에 의해 쓴 글이 「극기복례설克己復禮說」이다. 12월 다시 병조판서로 임명되자 사퇴하였으나 허락받지 못했다. 1583년(선조 16년) 3월 경연에서 10만 양병을 건의하였고, 6월에 동인들의 탄핵을 받고 파주 율곡으로 돌아갔다. 9월 이조판서에 임명되어 사퇴코자 하였으나 허락받지 못해 10월에 다시 서울로 올라가 사퇴를 청했으나 허락받지 못한 채, 1584년(선조 17년) 1월 16일 서울 대사동에서 49세를 일기로 생애를 마쳤다. 이상이 율곡이 벼슬길에 나아가 활동한 족적이다.

율곡이 관직에 종사했던 기간은 얼마나 될까? 그의 「연보」를 중심으로 검토해 본 결과 1564년 8월부터 1567년 11월까지 3년 3개월, 1569년 6월부터 1570년 10월까지 1년 4개월, 1571년 6월부터 1572년 6월까지 1년, 1573년 9월부터 1574년 4월까지 7개월, 1574년 10월부터 1575년 3월까지 5개월, 1575년 3월부터 1576년 2월까지 11개월, 1578년 3월부터 1578년 5월까지 2개월, 1580년 12월부터 1584년 1월 세상을 떠날 때까지 4년 1개월로 총 11년 9개월이 된다. 이로 보면 율곡이 실제로 정치, 행정에 관여해 활동한 기간은 약 12년으로 생각보다 많지 않음을 알 수 있다. 이에 비해 율곡이 임명받은 관직의 종류는 매우 다양한데 참고적으로 예시하면 다음과 같다.

호조좌랑, 예조좌랑, 이조좌랑, 이조정랑(×)

이조참의(×), 호조판서, 이조판서, 형조판서, 병조판서

의정부 우참찬, 의정부 검상사인(×), 의정부 우찬성, 동지중추부사

사간원 정언, 사간원 사간(×), 사간원 대사간

사헌부 지평, 사헌부 대사헌

홍문관 부교리, 홍문관 교리, 홍문관 응교(×), 홍문관 전한(×), 홍문관 부응교지제교(×), 홍문관 부제학, 홍문관 직제학, 예문관 제학

경연시독관, 경연시강관(×), 경연참찬관

춘추관 기주관, 춘추관 수찬관, 춘추관 편수관(×)

서장관, 원접사 종사관(×), 원접사

승정원 동부승지, 승정원 우부승지

황해도관찰사, 청주목사, 전라감사(×)

* ×표는 임명되었으나 취임하지 않은 것.

여기서 보듯이 율곡은 중앙관직으로부터 이른바 삼사의 언론직, 그리고 임금을 보필하는 비서직과 외교관, 그리고 황해도 관찰사, 청주목사와 같은 목민관에 이르기까지 다양한 행정의 경험을 쌓았다. 율곡이 가장 많은 활약을 한 곳은 역시 임금을 보필하고 충언하는 간언직이었다. 그는 약 12년의 정치 내지 행정의 공직생활을 통해 한편으로는 자신의 경세 경륜을 제시해 반영하고자 했으며, 다른 한편으로는 임금의 부

정을 막고 성학聖學을 권면하는 데 지성을 다하였다. 율곡의
관직생활에서 병으로 인한 사퇴가 많았던 것은 그의 건강이
좋지 않았기 때문이다. 만약 그가 건강이 좋았더라면 안정된
공직생활을 소신 있게 할 수 있었을 것이고, 나라와 민생을 위
해서도 더 많은 기여가 있었을 것이다.

8
나라와 백성을 위한 상소

조선시대 임금과 백성의 소통은 상소제도가 그 중심이 되었
다. 모든 백성은 자신의 생각을 상소라는 형식을 통해 표현할
수 있었고, 임금은 이에 대해 답장을 해 줄 의무가 있었다. 오
늘날 현대 민주정치는 언론이 그 역할을 하고 있다.

율곡은 상소를 통해 자신의 견해를 임금에게 전하였는데,
그는 이 기회를 매우 소중하게 생각하였다. 즉 상소를 통해
하고 싶은 말을 다하고, 나라와 백성을 위한 대책을 제시하기

도 하였다. 율곡이 임금에게 올린 소차疏箚가 59편, 계啓가 67편, 의議가 4편으로 모두 130편이다. 율곡은 자신의 개혁안과 경세 대안을 상소문을 통해 제시하였다. 물론 율곡의 경세대안이나 현실인식은 이 밖에도 「동호문답東湖問答」, 「경연일기經筵日記」 등을 통해 알 수 있다.

이제 율곡의 대표적인 상소문을 통해 그의 현실인식과 경세대안에 대해 검토해 보기로 하자. 그의 첫 번째 상소는 1565년(을축) 8월에 올린 「논요승보우소論妖僧普雨疏」인데, 그가 대과에 합격하여 호조좌랑으로 첫 관직을 받고 난 이듬해 예조좌랑으로 자리를 옮기고 올린 상소이다. 그는 당시 문정왕후의 총애를 받았던 허응당 보우虛應堂 普雨, 1515~1565를 탄핵하는 상소를 올렸는데, 이는 일종의 불교 배척의 성격을 지닌 것으로 볼 수 있다. 이것은 당시 문정왕후의 죽음을 계기로 언로기관과 유생들이 보우를 탄핵해야 한다는 강경한 상소가 잇따르는데도 명종의 반응이 없는 데 대한 불만에서 나온 것이다. 율곡은 보우의 잘못뿐만 아니라 사림의 사기 진작과 언로의 개방차원에서도 보우의 탄핵과 처벌이 필요하다고 보았다.

또 이와 함께 당시의 권간權奸이었던 윤원형尹元衡, ?~1656에 대한 처벌을 주장하는 상소를 올리기도 하였다. 윤원형은 문정왕후의 동생이요 명종의 외숙으로 20여 년 동안 권력을 전횡하여 백성들의 비난과 원성을 샀던 인물이다. 율곡은 말하기를 "원형의 죄는 머리털을 뽑아서도 셀 수가 없을 정도인데, 전하께서는 시종 그를 두둔하여 기어이 그를 보전케 하려 하시면서, 언제나 옥체의 불편하심을 간언을 막는 구실로 삼고 계십니다"라고 비판하였다. 그리고 "나라의 원기인 공론은 끝내 막을 수 없는 것이며, 물불과 같은 대중의 노여움은 끝내 멈추게 할 수 없는 것이어서, 온 나라가 흉흉하여 평정을 잃고 있다"고 하였다. 이처럼 당시 백성의 원성을 사고 공분의 대상이었던 보우와 윤원형에 대한 탄핵과 처벌을 강력히 주장하였던 것이다.

율곡은 1566년(병인) 3월 사간원 정언에 임명되자, 5월에 동료들과 함께 「간원진시사소諫院陳時事疏」를 올렸다. 이 상소는 율곡이 작성한 것으로, 당시의 현실인식과 시무 대안을 밝힌 중요한 글이다. 그는 임금에게 마음을 바르게 함으로써 정치의 근본을 세울 것, 훌륭한 인재를 등용함으로써 조정을 맑게 할 것, 백성을 편안케 하여 나라의 근본을 굳건히 할 것을 제시하였다.

각론으로는 임금이 마음을 바르게 하여 정치의 근본을 세우기 위한 방법으로 큰 뜻을 세울 것, 학문에 힘쓸 것, 올바른 사람을 친근히 할 것을 강조하였다. 또 훌륭한 인재를 등용함으로써 조정을 맑게 하는 방법으로는 사악한 것과 올바른 것을 분별할 것, 사기를 떨치게 할 것, 뛰어난 인재를 구할 것을 들었다.

끝으로 백성을 편안케 하여 나라의 근본을 굳건히 하기 위한 방안으로는 폐단과 병폐를 조사 처리할 것, 일족을 너그럽게 대할 것, 외방의 관원을 잘 뽑을 것, 옥사獄事와 송사訟事를 공평하게 처리할 것을 제시하였다. 장문의 이 상소는 율곡의 시국에 대한 인식과 이에 대한 개혁안을 소상하게 제시한 것인데, 그는 상소의 말미에서 "정사는 전하의 정사요 백성은 전하의 백성인데, 전하께서는 그 누가 막아서 잘 다스리지를 못하십니까?"라고 묻고, "만약 전하께서 좋기만 하고 잘못을 고치지 않거나, 기뻐하기만 하고 참뜻을 찾아내지 않아 신 등이 애타게 드리는 중요한 말들을 한낱 문장의 구색으로 돌리고 만다면, 만백성들의 커다란 희망은 여기서 끊기고 말 것입니다"라고 극언하였다. 패기만만한 30대 젊은 유학자의 시국에 대한 분석과 그 처방을 구체적으로 살필 수 있는 상소라고 할 수 있다.

이어 율곡은 1567년 당시 김안로, 윤원형과 함께 권력을 전횡하고 조정을 타락시킨 심통원沈通源, 1499~?의 탄핵을 논죄하는 「육조낭관논심통원소六曹郎官論沈通源疏」를 올렸다. 이는 율곡이 육조 낭관들과 함께 심통원의 처벌을 주장한 것인데, 역시 율곡이 대표해 지은 글이다. 율곡은 "전하께서는 어찌하여 그처럼 3조朝에 걸친 한 늙은 도적에게 동정을 베풂으로써, 차마 2백 년 종묘사직을 위망危亡의 지경에 빠뜨리겠다는 것입니까? 신 등은 격분해서 자신도 모르는 사이에 깊은 한숨을 쉬게 되고 눈물을 흘리다가는 이어서 통곡을 하게 됩니다"라고 하였다. 그는 심통원의 죄상에 대해 말하기를, "아! 김안로金安老가 해독을 함부로 끼쳤다면, 아첨하는 자를 받아들인 것은 통원입니다. 윤원형이 악행을 쌓았다면, 거기에 들러붙은 것이 통원입니다. 이양李樑이 화란禍亂을 만들었다면, 남몰래 그것을 주동한 것이 통원입니다. 위의 세 흉악자는 이미 그 죗값을 받았는데, 늙은 도적만이 어찌 홀로 죄를 면한다는 말씀입니까"라고 하였다. 이처럼 율곡은 당시 을사사화의 여독이 아직 잔존하는 상황에서 윤원형, 보우, 심통원 등 구시대의 청산을 강력하게 요구했던 것이다. 이는 사림의 원기를 진작하는 길인 동시에 구시대의 불의와 비리를 척결하는 길이었기 때문이다.

율곡은 1569년(기사) 34세 때 옥당의 관료로서 동료들과 함께 시무에 관한 상소를 올렸는데 이것이 「옥당진시폐소玉堂陳時弊疏」이다. 그는 상소 앞머리에서 당시의 시국을 이렇게 진단하고 있다.

생각하옵건대, 지금 국가의 형세는 비유하자면, 마치 만간의 큰 집이 여러 해 지나도록 손질을 하지 않아 옆으로 기울어지고 위에서는 빗물이 새며, 대들보와 서까래는 좀이 먹고 썩어가며 단청은 다 벗겨졌는데, 임시로 받쳐 주고 잡아 끌고 하여 구차히 아침저녁을 넘기고 있는 것과 같습니다. 만약 분연히 떨치고 일어나 여러 가지 재목을 모으고 여러 공인들을 모아 바꾸어 새롭게 해 주지 않는다면, 들보가 부러지고 집이 무너지는 것을 날을 꼽으며 기다릴 수 있을 것입니다.

율곡은 당시의 조선을 2백 년 묵은 집이 허물어져 가는 형국에 비유하고, 만약 유명한 목수로 하여금 보수하지 않으면 집은 무너지고 말 것이라 경고하였다. 그러면 어떻게 이러한 위기를 극복할 수 있을까? 이에 대한 대안으로 율곡은 임금의 뜻을 안정시킴으로써 실질적인 효과를 추구할 것, 도학을 숭상함으로써 인심을 바로잡을 것, 기미를 잘 살핌으로써 사림을 보호할 것, 대례大禮를 신중히 함으로써 배필을 소중히 할 것, 기강을 떨침으로써 조정을 정숙하게 할 것, 절약과 검소를 숭상함으로써 나라의 경제를 여유롭게 할 것, 언로言路를 넓힘으로써 여러 계책을 모을 것, 현명하고 재능 있는 사람들을 모여들게 함으로써 임금의 직책을 함께 수행할 것, 폐단이 있는 법을 개혁함으로써 민생을 구제할 것을 제안하였다.

이해 10월 율곡은 휴가를 받아 강릉으로 돌아가기 직전 「진미재오책차陳弭災五策箚」를 올렸는데, 이는 아마도 당시 거듭되는 천재지변에 대한 대응책으로 올린 것이지만 매우 구체적인 경세책을 담고 있다. 율곡은 여기서 다섯 가지 대책을 말하는데, 지극한 정성으로 백성들을 구제하는 것으로 임무를 삼고, 쌓여온 폐해를 모두 개혁하는 것으로 목표를 삼을 것,

언로를 개방하여 사방의 훌륭한 계책들을 수집할 것, 훌륭한 인재를 널리 구하여 임용하고 공평무사한 정사를 할 것, 서북쪽 변방의 경계를 강화하고 훌륭한 인재를 선발하여 변장을 맡길 것, 을사사화의 여독을 말끔히 청산하여 사림의 기운을 진작시키고 개혁을 추진할 것 등이다.

1570년(경오) 율곡은 옥당의 동료들과 함께 「옥당논을사위훈차玉堂論乙巳僞勳箚」를 올렸는데, 이는 당시 을사사화 후 과거청산에 대한 공론을 대변하여 올린 상소라고 할 수 있다. 즉 을사사화 때 억울하게 희생된 사림들의 공훈을 다시 복위시키고 명예를 회복시키는 동시에, 이때 가짜 공훈으로 출세한 자들에 대한 위훈僞勳을 엄정하게 처리함으로써 정의를 세우고 기강을 세워야 한다 하였다. 이때 이 상소는 무려 41번이나 올린 것으로 되어 있으니, 이 문제가 당시 얼마나 중차대한 문제였는가를 짐작게 한다. 그리고 이 상소를 주도하고 쓴 이가 바로 율곡이라 할 때, 사회정의와 사림의 원기를 회복하려는 율곡의 각오와 신념이 어떠했는가를 알 수 있다.

같은 해 율곡은 시국의 폐단을 개혁해야 한다는 강한 의지를 가지고 「의진시폐소擬陳時弊疏」를 올렸다. 당시 가뭄과 기근으로 목숨을 겨우 연명하는 실상을 임금에게 알리고, 개혁을 통해 백성들의 불편과 가난을 해결해야 한다고 보았다. 율곡은 개혁의 구체적 방안으로 왕실의 비용을 줄임으로써 백성들의 힘을 펴 줄 것, 제사의 법도를 바로잡아 번거롭고 모독이 되는 것을 고칠 것, 관청을 줄여 쓸데없는 관원을 없앨 것, 쓸데없는 경비를 줄여 나라의 비용에 도움이 되도록 할 것, 지방 근무를 중시하여 백성들을 아끼는 수령들을 임명할 것, 억울한 누명을 씻어 주어 백성들의 마음을 기쁘게 해 줄 것 등을 제시하였다. 여기서 제시한 개혁안들은 모두가 백성들의 민생과 직접 연결되는 것으로, 백성들의 편리와 이익, 그리고 나라의 재정을 충실히 하자는 것이었다.

1572년 영의정을 지낸 이준경李浚慶, 1499~1572이 죽기 직전, 조정에 붕당朋黨이 있는 듯하다는 유서를 임금에게 올렸는데, 율곡은 이 글의 부당함을 지적한 「논붕당소論朋黨疏」를 올렸다.

율곡은 붕당이란 그 숫자가 중요한 것이 아니라, 군자의 붕당이냐 소인의 붕당이냐가 중요하다 하고, 만약 소인이라면 한 사람이라 해도 용납해서는 안 된다고 하였다.

율곡은 1574년(선조 7년) 1월에 만여 자에 달하는 장문의 상소를 임금에게 올렸는데, 율곡의 가장 대표적인 상소문이라 할 수 있는 「만언봉사萬言封事」이다. 봉사封事란 임금에게 신하가 상소문을 올리면서 그 내용이 사전에 공개되어서는 안 된다는 의미를 담고 있다. 이 상소문은 선조가 거듭되는 천재지변에 대한 우려 속에, 조정의 신하는 물론 초야의 백성들에게까지 임금에게 할 말을 하고, 또 나라를 위한 계책을 요구한다는 요청에 따라 율곡이 올린 것이다.

율곡은 상소문 서두에서 "정치에 있어서는 때를 아는 것이 귀하고, 일을 하는 데는 실實을 힘쓰는 것이 중요하다政貴知時事要務實"고 하여, 상황의 통찰知時과 실의 추구務實를 제시하였다. 그리고 그는 변통變通의 논리로써 개혁의 필요성을 말하고, 정치의 실효가 없는 요인을 다음 7가지로 분석하였다. 위아래 사람들이 서로 믿는 실이 없는 것, 신하들이 일을 책임지려는 실이 없는 것, 경연이 아무것도 성취하는 실이 없는 것, 현명한 사람을 초빙하여 거두어 쓰는 실이 없는 것, 재변을 당해도 하늘의 뜻에 대응하는 실이 없는 것, 여러 가지 정책에 백성을 구제하는 실이 없는 것, 인심이 선을 지향하는 실이 없는 것이라 하였다. 율곡은 당시의 가장 큰 문제가 실이 없는 '무실無實'의 사태라고 보았다. 율곡이 진단한 현실인식은 7가지의 무실無實현상으로 집약되었다.

그러면 실實을 있게 하려면 어떻게 해야 할까? 이에 대해 율곡은 수기의 조목으로 임금의 뜻을 분발하여 하은주 삼대의 이상정치를 기약하는 것, 성학聖學을 힘써 성의와 정심의 공효를 다하도록 하는 것, 편벽된 사사로움을 버림으로써 지극히 공정한 도량을 넓히는 것, 현명한 선비들을 친근히 해 깨우쳐 주고 보필해 주는 이익이 되도록 할 것 등이다.

또한 안민安民의 조목으로는 정성된 마음을 개방함으로써 여러 신하들의 충정을 얻는 것, 공안貢案을 개혁하여 포악하게 거둬들이는 폐해를 없애는 것, 절약과 검소를 숭상하여 사치스런 풍조를 개혁하는 것, 선상選上의 제도를 바꾸어 공천公賤의 고통을 덜어주는 것, 군사정책을 개혁함으로써 안팎의 방비를 굳건히 하는 것이었다. 이 상소는 율곡의 현실진단과 처방이 가장 체계적으로 제시된 것이라 할 수 있다.

1579년(선조 12년) 5월에 율곡이 대사간을 사직하면서 올린 상소가 「사대사간겸진세척동서소辭大司諫兼陳洗滌東西疏」이다.

율곡은 여기서 사림士林의 중요성을 강조하고, 동서 당쟁의 해소를 적극 주장하였다. 율곡에 의하면 "예부터 국가가 믿고 의지하는 것은 사림이라 합니다. 사림은 나라의 원기이므로 사림이 융성하고 화합하면 그 나라는 다스려지고, 사림이 과격하고 분열되면 그 나라는 어지러워지며, 사림이 실패하여 다 없어지면 나라는 망하는 것이오니, 지나간 일이 사적에 밝게 실려 있습니다"라고 하였다. 이처럼 사림은 국가의 원기로서 국가의 흥망과 직결된다 하였다. 율곡은 당시 동인, 서인 붕당의 당사자였던 김효원과 심의겸에 대해 다음과 같이 설명한다.

김효원도 신이 아는 사람이고 심의겸도 신이 아는 사람입니다. 그 사람됨을 논한다면 모두 쓸 만한 사람이요, 그 과실을 말한다면 둘 다 잘못되었다 하겠습니다. 만일 한 사람은 군자요 한 사람은 소인이라 한다면, 신은 그 말을 믿지 않습니다.

이처럼 율곡은 양시양비兩是兩非의 입장에서 두 사람을 평가하고 붕당을 비판하였다. 특히 이 상소가 중요한 것은 여기에

율곡의 국시론國是論이 담겨 있기 때문이다. 국시國是란 정치
용어로서 국가의 최고이념을 말한다. 80년대 초 전두환 정권
시절 모 야당의원이 '대한민국의 국시는 통일'이라 하여 구속
된 사건이 있었다. 율곡은 지금부터 430여 년 전 국시론에 대
해 명쾌한 이론을 전개하고 있다.

인심이 함께 옳다고 하는 것을 공론公論이라 하며, 공론의 소재
를 국시라 합니다. 국시란 한 나라의 사람들이 의논하지 아니
하고도 함께 옳다고 하는 것이니, 이익으로 유혹하는 것도 아니
며, 위엄으로 무섭게 하는 것도 아니면서, 삼척동자도 그 옳은
것을 아는 것이 곧 국시입니다.

이처럼 율곡이 국시론을 전개한 것은, 오늘날 현대 민주정
치의 근본을 밝힌 것으로 중요한 의미가 있다. 국시의 정립을
위해서는 공론이 형성되어야 하고, 공론의 형성을 위해서는
언로가 개방되어야 한다는 율곡의 견해는 민주정치 이론의
선구가 아닐 수 없다.

율곡이 올린 계啓가 많지만, 가장 대표적인 것으로 1583년

2월에 올린 「육조계六條啓」가 있다. 이것은 그의 나이 48살 때 세상을 떠나기 꼭 1년 전에 병조판서로서 국방 대비책을 밝힌 것이다. 여기서 율곡은 어질고 유능한 인재를 등용할 것, 군사와 백성을 양성할 것, 재용財用을 풍족히 할 것, 변방의 방비를 굳건히 할 것, 군사용 말을 준비할 것, 교화를 밝힐 것 등 6개 항목을 제시하였다. 율곡이 임진왜란을 앞두고 이 「육조계」를 올려 국방 안보에 대한 경각심을 고취하고 그 방안을 제시한 것은 참으로 훌륭한 탁견이 아닐 수 없다.

이상에서 율곡의 상소문을 소개했는데, 구구절절이 우국충정이 가득 차 있고, 나라와 백성을 위한 경세 대책이 제시되고 있다. 율곡이 비록 16세기 근대의 여명기를 살았지만, 그의 생각은 시대를 앞서 달려가고 있었고, 그의 상소는 개혁과 변화를 위한 고독한 지성의 외침이었다.

9
우계 성혼과의 철학 논쟁

우리는 흔히 '싸워야 큰다'라고 말한다. 학문도 마찬가지다. 퇴계는 고봉 기대승高峰 奇大升, 1527~1572과의 논쟁을 통해 자신의 성리학을 원숙하게 성취시켰다. 마찬가지로 기대승도 퇴계와의 논변을 통해 자신의 성리학을 심화시켰다. 1559년부터 1566년까지 장장 8년간에 걸쳐 벌어진 '퇴고사칠논변退高四七論辯'은 조선조 성리학의 발전에 크게 기여하였다. 당시 퇴계는 58세의 당대 최고의 원로 학자였고 기대승은 32살의 청년 학자였다. 두 사람이 나이와 신분에 관계없이 계급장을 떼고 당당하게 학술 논쟁을 한 것은 조선유학사에 길이 빛날 사건이다. 이 논변의 후속으로 이어 벌어진 논변이 바로 율곡과 우계 성혼牛溪 成渾, 1535~ 1598 간에 벌어진 성리논변이다.

이미 앞에서 소개한 것처럼, 율곡과 성혼은 20대 청년 시절에 도의지교道義之交를 맺은 친우였다. 서로가 절차탁마하며 학문을 닦고 수련하여 마침내 '동국 18현'으로 추앙될 만큼 성공한 두 사람이었다. 두 사람은 평생 우정을 변치 않았을 뿐만 아니라, 정치적으로도 서인의 길을 같이 걸었다. 그러나 학문의 길, 학풍에 있어서는 다른 점이 있었다. 말하자면 모든 유학자들이 성인 군자를 목표로 공부하고 나라와 백성을 위한 우환의식을 갖는 것은 마찬가지지만, 그 길을 가는 데 있어서는 생각이 다를 수 있다. 그리고 가치관에 있어서도 이理와 기氣 가운데 어느 것을 더 중시하느냐, 또 수기와 치인 가운데 어느 것에 더 중점을 두느냐, 이상과 현실 가운데 어느 쪽에 더 비중을 두느냐, 윤리적 가치와 경제적 가치 가운데 무엇을 더 중시하느냐 하는 데 차이가 있었던 것이다.

율곡과 성혼은 나이가 한 살 차이였고 경기도 파주를 본향으로 해서 생장했지만, 두 사람의 타고난 기질과 성품, 그리고 그 학문적 취향에 있어서는 다른 점이 있었다.

1572년 3월 율곡 37살, 성혼 38살 때 두 사람은 인심도심人心道心을 중심으로 성리학에 관한 학술 논쟁을 벌였다. 약 1년여 동안에 걸쳐 9차례의 편지를 주고받으며 벌인 이 논쟁은 '퇴고사칠논변'과 더불어 조선유학사에서 매우 중요한 의미를 갖는다. 왜냐하면 이 논쟁은 앞서 퇴계와 기대승 간에 벌어진 성리논변의 후속편이라 할 수 있기 때문이다. 이 논변은 성혼이 퇴계의 설에 동조하면서 율곡에게 질문하면서 시작되었다. 여기서 다루어진 주제는 인심도심을 비롯하여 사단칠정의 감정문제, 본연지성, 기질지성의 본성문제, 이러한 인간심성의 이기론적 해석과 논리, 태극음양론 등 성리학 전반에 걸쳐 진행되었다. 주로 성혼이 묻고 율곡이 답하는 형식으로 이루어졌는데, 성혼의 편지 3서, 7서, 8서, 9서가 유실되고 5편의 편지만이 전한다.

성혼은 처음에 기대승의 설에 율곡과 견해를 같이했었으나, 주자의 인심도심에 관한 글을 읽고 퇴계의 설이 주자와 다르지 않다고 여겨 율곡에게 질문했던 것이다. 율곡이 퇴계의 이기호발설理氣互發說*을 극력 비판하고 자신의 기발이승일도설氣發理乘一途說**을 주장하게 되자, 성혼은 퇴계의 이기호발설에 다소 문제가 없는 것은 아니지만 그렇게 볼 수도 있다는 입

---

* 이기호발설: 대표적인 학설로 사단칠정의 감정을 이기론적으로 설명한 것이다. 사단은 마음속에 있는 도덕이성[理]이 주도적으로 드러난 감정이고, 칠정은 신체적 욕구[氣]가 주로 나타난 감정이라고 설명한 것이다. 이(理)도 발동하고 기(氣)도 발동해 이기(理氣)가 서로 발동한다 하여 호발설이라 한다.

장에서 반론을 제기했던 것이다. 논쟁의 요점은 율곡이 인심 도심의 문제는 사단칠정과 같이 상대적으로 나누어 보아서는 안 된다고 보는 데 대해, 성혼은 인심도심도 사단칠정과 같이 상대적으로 볼 수 있다 하여 퇴계의 이기호발설을 이해하고자 했다. 또 율곡은 인간의 감정이란 칠정뿐이고 사단은 그 가운데 선한 감정으로, 발용하는 기氣에 이理가 올라타 있는 것으로 그 존재구조를 이해하였다. 이에 대해 성혼은 퇴계가 설명하는 것처럼 본성에 있어 주리主理, 주기主氣로 나누어 말할 수 있다면, 감정의 발용에 있어서도 주리, 주기로 말할 수 있다고 보았다. 율곡은 본체에서나 현상에서나 이 세계의 모든 존재는 이理와 기로 되어 있고, 서로 떠날 수 없으며, 발용하는 것은 기요 이理는 그 기의 발용에 있어 표준이 된다 하였다. 여기서 성혼은 율곡의 기발이승일도와 퇴계의 이기호발을 절충하는 이기일발설理氣一發說을 주장하는데, 사단이나 칠

** 기발이승일도설: 퇴계가 사단을 이발이기수지(理發而氣隨之), 칠정을 기발이이승지(氣發而理乘之)라고 설명한 바 있는데, 율곡이 퇴계의 말을 차용해 자신의 학설로 삼았다. 율곡은 우주 자연과 인간, 인간의 심성세계도 모두가 발동하는 기(氣) 위에 이(理)가 올라타 있는 기발이승(氣發理乘)의 존재로 설명하였다.

정이나 본체 상에서는 율곡이 말하는 대로 이理와 기가 떨어질 수 없으나, 일단 현상계에서 감정이 발하게 되면 주리, 주기로 나누어 말할 수 있다고 보았다.

특히 율곡은 퇴계의 '호발互發' 즉 '이理도 발하고 기도 발한다'는 주장과 사단과 칠정을 별개의 정으로 보는 데 대해 강하게 비판하였다. 그것은 퇴계의 이발理發을 어떻게 보아야 할 것인가에 대한 해석상의 문제이기도 한 것이다. 이 문제는 지금까지도 해결되지 못한 과제라 할 수 있다. 문제는 퇴계 자신의 사단칠정 설명에 대한 모호성에 있기도 하고, 율곡과 퇴계의 철학적 입장의 차이에서 기인하기도 한다. 이에 대해서는 뒤에서 자세히 다루겠지만, 형이상자인 이理가 기처럼 발용한다면 이는 성리의 기본에 어긋나기 때문이다. 문제는 퇴계가 말한 '이발理發'에서의 '발發'과 '기발氣發'에서의 '발'의 개념이 같은 것인가 다른 것인가에 있고, 만약 다르다면 어떻게 해석하는가에 있다. 사실 율곡의 기발이승일도설이란 퇴계의 호발설에 대한 비판에서 도출된 것이고, 율곡 성리학의 존재론을 뒷받침하는 하나의 원칙이라 할 수 있다.

퇴계와 기대승 간의 논변이 비교적 대등하게 이루어진 것에 비하면, 이 논변은 율곡이 일방적으로 성혼에게 깨우쳐 주고 설득하는 형식으로 진행되었다. 율곡은 성혼이 아직도 자신의 견해를 잘 이해하지 못한다고 답답해 하면서, "형이 학문에 뜻을 둔 지 어언 20년에 성현의 글을 읽지 않음이 아니겠지만, 아직도 이理와 기 두 글자에 대해 투철하지 못한 데가 있는 까닭인 듯하다"고 말하고 있다. 친우로서 성혼에게 모욕적인 언사에 가까운 말을 하고 있고, 이에 대해 성혼이 결례를 지적하자 자신의 말이 지나쳤음을 사과하기도 했다. 율곡은 자신에 넘쳐 자신의 견해를 성혼에게 설득하고, 신중한 성혼은 존경하는 퇴계와 친우 율곡의 사이에서 고뇌하는 흔적이 역력하게 나타나 보인다. 율곡은 직설적으로 선배 유학자인 퇴계의 설을 비판하는가 하면, 조광조, 이황, 서경덕을 비교해 자리매김을 하기도 한다. 이런 점이 율곡의 장점이면서 다른 한편으로는 율곡이 많은 사람과 갈등하고 또 자신도 비판을 받게 되는 요인이 아닌가 생각된다.

10
동서당쟁의 해소를 위해

우리는 흔히 조선시대의 사색당쟁을 망국적 화근으로 비판한다. 물론 당쟁이 우리 역사에서 부정적으로 기능한 측면은 마땅히 비판받아야 한다. 하지만 당쟁이란 정치적 견해를 달리하는 사람들이 정치적 논쟁을 하고, 나아가서는 정권을 놓고 대립 갈등하는 것을 말한다. 물론 아무리 노력해도 임금이 될 수 없는 한계가 있지만, 적어도 국정에 참여하는 기회와 힘을 얻는 것은 분명하다. 문제는 이 당쟁이 순수하게 정치적 이념의 갈등이나 대립만으로 끝나지 않고, 이해관계로 치닫고 급기야는 어느 한쪽이 내쫓기고 죽임을 당하는 사화로 이어졌다는 점이다. 율곡은 당쟁이 처음 싹터 깊어지는 시대를 살았다.

율곡은 1572년(37세) 8월 「논붕당소論朋黨疏」를 올려 붕당의 조짐을 경고하고, 작고한 이준경의 유소遺疏를 극렬하게 비판하였다. 영의정을 지낸 동고 이준경東皐 李浚慶, 1499~1572이 그해 7월 임종을 앞두고 쓴 상소에서, 붕당의 조짐을 알리고 임금에게 붕당을 깨어 버리라는 유언을 하였다. 이에 대해 율곡은 이준경의 사람됨과 업적을 칭찬하면서도 이준경의 붕당론에 대해 강한 어조로 비판하고 있다.

아! 붕당의 이론이야 어느 시대인들 없었습니까. 오직 그들이 군자인가 소인인가를 살피는 것이 중요할 따름입니다. 진실로 군자라면 곧 천 명이나 백 명이 붕당을 이룬다 하더라도 많을수록 더욱 좋겠습니다만, 진실로 소인이라면 곧 한 사람이라 하더라도 용납해서는 안 될 것입니다. 하물며 붕당을 이루게 해서야 되겠습니까?

율곡은 붕당이란 누구의 붕당, 즉 군자의 붕당이냐 소인배들의 붕당이냐가 중요하다는 것이다. 그런데 자신이 보기에는 이준경의 붕당 인식이 잘못되어 도리어 평지풍파를 일으키는 형국이 된다고 우려하였다. 율곡은 이준경의 말이 사실이라면 여기에 연루된 자들을 잡아내어 지방의 먼 곳으로 쫓아내야 하고, 만약 사실이 아니라면 이준경의 말은 원한과 분노에서 나온 격한 말이거나 혹은 착란錯亂에서 나온 것이라 하였다. 율곡은 이준경의 붕당설로 인해 임금은 신하들을 믿지 못하고 사류들 간에 불신과 의심을 초래하게 되었다고 우려하였다.

그런데 이준경은 대체로 명망 있는 학자요 관료로 많은 존경을 받았던 인물인데, 율곡의 이준경에 대한 부정적인 평가와 이준경의 유소에 대한 극렬한 비판은 이해하기 어려운 측면도 있다. 그것은 실제로 이후 김효원과 심의겸의 이조 전랑직을 둘러싼 갈등이 동인, 서인의 분당으로 이어졌다는 점에서 이준경의 경고가 결코 헛된 것이 아님을 알 수 있기 때문이다.

이제 서서히 동인과 서인이 편당을 짓고 대립이 심화되자, 율곡은 1579년(44세) 5월 대사간의 직을 사임하면서 동서 당쟁의 타파를 건의하는 「사대사간겸진세척동서소辭大司諫兼陳洗滌東西疏」를 올렸다.

율곡은 이 상소의 서두에서 "시론時論이 안정되지 못하고 사류士類들이 동요되어, 조정에는 화기가 날로 없어지고 민간에는 뜬 의논들이 구름같이 일어남을 듣고, 신이 진실로 한스럽게 여겨 홀로 탄식하는 바지만, 또 감히 조그마한 정성으로 전하에게 말씀드리지 못하고, 때로는 깊은 밤중에 베개를 어루만지며 근심스러워 잠을 이루지 못하기도 하옵니다"라고 술회하였다. 이미 노골화된 당쟁을 우려하는 율곡의 진정을 읽을 수 있다. 율곡은 나라가 믿고 의지하는 것이 사림이라 하고, 사림은 나라의 원기라서 사림이 성하고 화합하면 그 나라는 다스려지고, 사림이 과격하고 분열되면 그 나라는 어지러워지며, 사림이 실패하여 다 없어지면 나라는 망한다고 경고하였다. 율곡이 사림의 분열과 갈등을 우려하는 이유를 알 수 있다. 사림은 국가의 원기로서, 사림의 흥망이 곧 나라의 흥망과 직결된다는 것이다.

율곡은 "오늘날의 사림은 화목하다고 말할 수 있는지 신은 알지 못하겠습니다마는, 들리기는 동서 붕당의 설이 방금 큰 빌미가 되었다 하니, 이는 신이 깊이 근심하는 바입니다"라고 하였다. 율곡은 동서 붕당의 전말에 대해 자신의 견해를 소상하게 설명하고 있다. 심의겸은 왕실의 외척 출신으로 약간 선으로 향한 마음이 있었고, 1563년(명종 16년) 이양李樑이 사림들을 해치고자 할 때 심의겸이 이들을 구하는 데 힘이 있었으므로 사림들이 그의 사람됨을 인정하게 되었고, 심의겸을 알아

준 이들이 기성사류들이었다 한다.

김효원은 젊었을 때 행실을 조심함이 없었지만, 뒤에 행실을 고쳐 선하게 되고, 관직에 나선 후에는 몸가짐을 단정하게 하고 강한 상대를 두려워하지 않았으며, 또한 즐겨 명망 있는 선비들을 끌어들인 까닭에 사림이 많아 그를 높이 보게 되었으니, 김효원을 알아준 이들은 후진의 사림들이었다 한다.

율곡에 의하면 대개 심의겸이 김효원을 비방한 것이 애초에 원수진 일이 있어서 그러한 것이 아니라, 다만 악을 미워하는 마음을 고집하여 변통할 줄 모른 탓이었으며, 김효원이 심의겸의 흠을 든 것도 또한 반드시 그 사감을 보복하고자 한 것이 아니라, 마침 그 소견이 이와 같았을 뿐이라 하였다. 율곡은 1575년 홍문관에 있으면서 이 사실을 보고 후일의 화를 깊이 우려한 나머지 노수신盧守愼, 1515~1590에게 두 사람을 잠시 외직으로 보내 피차를 융화하며 진정시키는 것이 좋겠다고 건의하여, 실제 그렇게 조치되어 거의 안정되는가 싶었다 한다.

그런데 일을 꾸미기 좋아하고 말을 지어내는 이들이 동서의 설을 만들어내, 공사公私와 득실得失을 막론하고 다만 심의겸을 편드는 이를 서인이라 하고, 김효원을 편드는 이를 동인이라 하여, 조정의 벼슬아치들은 용렬한 사람이 아니면 모두 동서로 지목하는 속으로 들어가게 된 것이라 하였다. 동인 서인의 이름이 한 번 나오고부터 조정에는 온전한 사람이 없게 되었으니, 또한 사림의 액厄이라 할 만하다 하였다. 율곡은 양시양비兩是兩非의 입장에서 심의겸과 김효원을 평가한다.

심의겸과 김효원의 사람됨이 하나는 군자이고 다른 하나는 소인배가 아니라, 둘 다 쓸 만한 사람이라는 것이다. 율곡은 심의겸이 외척으로서 정사에 깊이 참여한 것은 잘못이고, 또 김효원은 바로 심의겸을 비방하여 설화舌禍를 만들어 낸 것은 잘못이라는 것이다. 율곡은 동서의 붕당은 얼음과 숯처럼 서로 용납할 수 없는 관계가 아니라, 선후배 사림 간의 불화에 지나지 않는다고 보았다.

율곡은 동서 붕당의 해가 인재의 폭을 좁게 한다는 점에서 크게 우려하였다. 비록 일시의 사류가 선후배를 불문하고 같이 삼가고 화합하여 함께 국사를 해 나간다 하더라도, 오히려 시세는 위태롭고 힘은 약하여 일이 잘 되지 않을까 두려워하는 바인데, 하물며 다시 동인, 서인을 한정하고 유파類派와 품계品階를 분별하여, 반드시 이것은 취하고 저것은 버리려 하는 것이냐고 우려하였다.

율곡은 또 설사 동인이 군자라는 이름을 얻고, 서인이 소인이라는 말을 듣는다 해도, 그것이 온 나라 백성들의 생계가 쪼들리는 데 무슨 보탬이 되느냐 하였다. 즉 동인, 서인의 명분 싸움이 백성들의 삶에 무슨 이익이 있느냐고 반문한 것이다. 아울러 만일 소인배들이 기회를 엿보다가 교묘하게 일망타진의 계략을 만들어 낸다면, 과격해서 분파되었던 것이 패하여 다 없어지는 것으로 변하고, 나라가 망하지 않을까 두렵다 하였다. 사림들의 싸움을 소인배들이 정략적으로 이용한다면, 결국 나라의 원기인 사림들은 희생되고 나라는 망하게 된다 하였다. 그러므로 율곡은 동서를 묻지 말고 공정한 인사를 하고 기강을 확립해야 한다고 다음과 같이 진언하였다.

삼가 원하옵건대, 전하께서는 신의 이 소를 공경대신들에게 내려 의논시키소서. 그래서 신의 말이 옳다고 하면 조정의 신하들에게 명령하여 동서의 구별을 씻어버리고 다시는 구별하지 말도록 하시며, 오직 어질고 능력 있는 이만 등용하고 어질지 못하고 능력이 없는 자는 버리시며, 같은 조정의 선비들이 모두 한마음으로 나라를 위하고 다시는 의심하여 간격이 없도록 하시며, 악한 이는 내치고 선한 이는 올려서 조정의 기강을 정숙하게 하소서. 그리고 혹시 자기의 의견만을 편벽되게 주장하여 공의公議를 좇지 않는 자가 있거든 제재하여 누르시며, 혹시 꼭 분쟁을 일으켜 말을 만들고 일을 만들려는 자가 있거든 배척하여 멀리 하소서. 이와 같이 하신다면 사림의 다행이야 이루 말할 수 있겠습니까? _『栗谷全書』, 卷7,「辭大司諫兼陳洗滌東西疏」

율곡의 붕당에 대한 우려는 계속된다. 그는 1579년(44세) 참찬 백인걸白仁傑, 1497~1579을 대신하여 올린「대백참찬인걸소代白參贊仁傑疏」에서도 붕당의 폐해에 대해 많은 논의를 하였다. 그는 말하기를, "사류士類가 된 자가 비록 강개慷慨히 탄핵하고 싶으나, 위로는 그것을 서로 공격하는 것으로 의심하실까 두려워하고, 아래로는 그것을 자기와 다른 사람을 배척하는 것으로 의논할까 염려하여, 서로 돌아보며 근심하고 탄식하면서 감히 말하지 못합니다. 그래서 나라의 근본이 날로 곤궁해지고 나라의 맥이 날마다 상해가니, '동서' 두 글자는 곧 망국

의 화근禍根입니다"라고 하였다. 이처럼 율곡은 '동서' 두 글자
가 망국의 화근이라 우려하고, 붕당의 해소책으로 다음과 같
은 견해를 밝히고 있다.

동으로서 서를 공격해도 불가하고, 서로서 동을 공격해도 불가
합니다. 만약 동서를 다 배척하려 한다면 이는 전하의 조정이
텅 비게 됩니다. … 반드시 조화하고 진정시켜 같이 삼가고 서
로 공경하게 하려는 자가 군자의 논의입니다.

율곡은 "만약 전하께서 조화하고 진정시키려 한다면, 반드
시 사류로서 견해가 밝고 마음이 공정하여 사람들이 믿고 복
종하는 사람을 얻어 그를 심복으로 삼아서, '동서'를 타파하고
그 부류를 따지지 않아야 합니다. 오직 어질고 또 재능이 있
으면 그를 쓰고, 어질고 또 재능이 있는 이가 아니면 그를 버
림으로써, 악을 제거하고 선을 드러내어 점차 그 탐오한 자를
다스리도록 하여, 나라와 백성을 병들게 하지 못하도록 하면,
오늘날의 국사는 오히려 거의 될 듯한 희망이 있습니다"라고
하였다.

율곡은 공론은 나라의 원기라 하고, 공론이 조정에 있으면 그 나라가 다스려지고, 공론이 민간에 있으면 그 나라가 어지러워지며, 만약 위아래에 모두 공론이 없으면 그 나라는 망한다고 하였다. 그런데 공론의 주체는 사림으로서 사림이 튼튼해야 공론이 활발하게 전개되고, 국정이 안정될 수 있다는 것이다. 요컨대 붕당의 폐해는 곧 사림의 분열을 초래하고, 나아가 공론 형성에 막대한 지장을 초래하므로 붕당을 해소해야 하는 것이다.

율곡은 1583년(선조 16년) 4월에 올린 「진시사소陳時事疏」에서도 "동서가 당파를 나눈 이후로 형색이 세워져서, 왕왕 당이 같으냐 다르냐에 따라 좋아하고 미워하게 됨을 면치 못하여, 말을 만들어 내고 일을 지어내는 자가 서로 함정을 만들고 있다" 하였다. 그리고 "동서 두 글자는 본디 민간의 속된 말에서 나온 것이므로 일찍이 믿을 수 없다고 웃어버렸는데, 오늘날 이렇게 심한 근심거리가 될 줄은 몰랐다"고 하였다.

율곡은 자신이 당초에 사류에게 죄를 얻은 것이 아니라, 다만 양쪽을 조제調劑하여 국사를 함께하려 한 것뿐인데, 사류로서 그 의도를 모르는 사람들이 잘못 서인을 부호扶護하고 동인을 억누른다 지목하여, 한 번 흠을 지적당하자 점차 의심하게 되어 온갖 비방이 따라 일어나고, 마침내 성균관과 사학四學의 유생들도 혹 업신여기기에 이르렀다고 자신의 입장을 피력하였다.

율곡은 역사적으로 정철, 성혼, 박순, 송익필 등과 함께 서인으로 분류되고 있고, 또 반대파 유생들의 상소로 한때 성혼과 함께 문묘에서 쫓겨나는 수모를 겪기도 하였지만, 그 스스로는 적어도 당파를 초월해 국정에 참여해야 한다는 소신을 분명히 가지고 있었다. 그가 본의 아니게 서인의 중심인물로 규정되고 많은 비판과 공격을 받았지만, 그는 양시양비兩是兩非의 논리로 갈등과 대립을 융화하고자 노력하였다.

11
유지柳枝와의 사랑

율곡은 1583년 9월 28일 그러니까 세상을 떠나기 약 3개월

전이 되는 어느 날, 황해도 재령강가의 밤고지 마을에서 하루를 유숙하게 되었다. 그런데 밤늦게 누군가가 문을 두드린다. 알고 보니 황주 기생 유지柳枝였다. 유지는 율곡이 10여 년 전 황해도 관찰사로 있을 때 시중을 들던 관기였다. 몰락 양반인 선비의 딸인데, 관기가 되어 율곡을 만나게 되었던 것이다. 자료에 의하면 유지는 날씬한 몸매에 얼굴도 곱고 총명한 여인이었다. 유지는 율곡을 존경하고 사모하였다. 또 율곡도 유지를 매우 좋아하였다.

이 시의 앞에 쓰인 율곡의 설명에 의하면, 율곡은 황해도 해주에서 황주 누님께 문안을 갔었는데, 유지를 데리고 여러 날 동안 술잔을 같이 들었고, 해주로 돌아올 적에는 조용한 절까지 따라와 전송해 주었다 한다. 그 후 헤어졌는데 다시 밤고지 마을에 밤늦게 찾아온 것이다. 율곡이 문을 열고 유지에게 찾아온 연유를 묻자, "대감의 명성이야 온 국민이 모두 다 사모하는 바이옵거늘, 하물며 명색이 기생 된 계집이겠습니까. 그 위에 여색을 보고도 무심하오니 더욱더 감탄하는 바이옵니다. 이제 떠나면 다시 만나기를 기약하기 어렵기로 이렇게 굳이 멀리까지 온 것입니다"라고 하였다.

반가운 마음으로 두 사람은 해후를 했다. 그리고 밤늦도록 대화를 나누었다. 이때 율곡의 건강상태는 최악이었다. 본디 건강이 좋지 않았지만 별세하기 3개월 전이라고 보면 짐작이 간다. 두 사람은 밤새도록 대화를 나누며 정을 나누었다. 율곡은 스스로 말하기를, '정에서 출발해 예의에서 그친 뜻'을 시로써 표현하였다고 설명하였다. 이 시는 『율곡전서』에도 빠져 있는 것으로 1965년 이관구李寬求 씨가 소장한 것을 이화여대 박물관이 구입한 것인데, 노산 이은상鷺山 李殷相 선생의 아름다운 문체로 번역한 것이다.

어허! 황해도에 사람 하나
맑은 기운 모아 신선 자질 타고 났네.
뜻이랑 태도랑 곱기도 할 사
얼굴이랑 말소리랑 맑기도 하이.

새벽하늘 이슬같이 맑은 것이
어쩌다 길가에 버렸던고.
봄도 한창 청춘의 꽃 피어날 제

황금 집에 못 옮기던가, 슬프다! 일색이여.

처음 만났을 젠 상기 안 피어
정만 맥맥히 서로 통했고
중매 설 이가 가고 없어
먼 계획 어긋나 허공에 떨어졌네.

이렁저렁 좋은 기약 다 놓치고서
허리띠 풀 날은 언제런고
어허! 황혼에 와서야 만나다니
모습은 그 옛날 그대로구나.

그래도 지난 세월 얼마나 간지
슬프다! 인생의 녹음이라니
나는 더욱 몸이 늙어 여색을 버려야겠고
세상 정욕 재같이 식어졌다네.

저 아름다운 여인이여!

사랑의 눈초리를 돌리는가?
내 마침 황주 땅에 수레 달릴 제
길은 굽이굽이 멀고 더딜레.

절간에서 수레 머물고
강뚝에서 말을 먹일 제
어찌 알았으리, 어여쁜이 멀리 따라와
밤들자 내 방문 두들길 줄을.

아득한 들가에 달은 어둡고
빈숲에 범우는 소리 들리는데
나를 뒤밟아 온 것 무슨 뜻이뇨?
옛날의 명성을 그려서라네.

문을 닫는 건 인정 없는 일
같이 눕는 건 옳지 않은 일
가로막힌 병풍이사 걷어치워도
자리도 달리 이불도 달리.

은정을 다 못 푸니 일은 틀어져

촛불을 밝히고 밤새우는 것

하느님이야 어이 속이리

깊숙한 방에도 내려와 보시나니

혼인할 좋은 기약 잃어버리고

몰래하는 짓이야 차마 하리오.

동창이 밝도록 밤 자지 않고

나뉘자니 가슴엔 한만 가득

하늘엔 바람 불고 바다엔 물결치고

노래 한 곡조 슬프기만 하구나.

어허! 내 본심 깨끗도 할 사

가을 물 위에 찬 달이로고

마음에 선악싸움 구름같이 일 적에

그중에도 더러운 것 색욕이거니

사나이 탐욕이야 본시부터 그른 것

계집이 내는 탐욕 더욱 고약해.

마음을 거두어 근원을 맑히고
밝은 근본으로 돌아갈지라
내생이 있단 말 빈말이 아니라면
가서 저 부용성에서 너를 만나리.

다시 짧은 시 3수를 써 보인다.

이쁘게도 태어났네 선녀로구나
십년을 서로 알아 익순한 모습
돌 같은 사내기야 하겠나마는
병들고 늙었기로 사절함일세.

나뉘며 정든 이같이 설워하지만
서로 만나 얼굴이나 친했을 따름
다시 나면 네 뜻대로 따라가련만
병든 이라 세상 정욕 찬 재 같은 걸.

길가에 버린 꽃 아깝고 말고

운영이처럼 배항이를 언제 만날꼬

둘이 같이 신선될 수 없는 일이라

나뉘며 시나 써주니 미안하구나.

_1583년 9월 28일 율곡 병든 늙은이가 밤고지 마을에서 쓰다.

이 시는 유학자 율곡의 인간적인 면모를 잘 보여주는 작품이다. 예의와 법도에 철저했던 한 유학자가 유지라는 여인을 좋아하고 사랑하는 감정을 진솔하게 표현했다는 점에서 이 시의 의미는 매우 크다. 율곡도 유지를 아끼고 사랑했고 유지도 율곡을 존경하고 흠모했다. 율곡이 시에서 유지를 '신선'으로 표현한 것을 보면 얼마나 사랑하고 있는지 알 수 있다. 물론 율곡의 유지에 대한 인간적인 동정심도 게재되어 있다. 전후 맥락으로 보면 두 사람의 관계는 매우 친밀했음을 짐작게 한다. 특히 율곡이 이때 황주 누님 댁을 방문하면서 유지와 동행했고 여러 날을 함께 술을 마셨다는 것으로 보면, 율곡의 인간적인 면모가 짐작된다. 밤새도록 얘기를 나누며 정을 나눈다. 유지는 율곡의 건강상태로 볼 때 이번 만남이 마지막이라는 생각을 했는지도 모른다. 시 행간에 흐르는 분위기는 서로 감정이 부딪치고 감정과 이성이 갈등하는 한 선비의 고뇌를 짐작게 한다. 율곡은 '문을 닫는 건 인정 없는 일, 같이 눕는 건 옳지 않은 일'이라고 말한다. 유교의 인의仁義의 정신이 잘 표현되어 있고, 따뜻한 인정과 단호한 의리가 동시에 잘 드러나 있다. '마음에 선악싸움이 구름같이 이는데', 결국 '마음을 거두어 근원을 맑히고, 밝은 근본으로 돌아갈지라'라고 결론을 맺는다. 뒤에 다시 써 준 짧은 시에서 율곡이 '돌 같은 사내기야 하겠나마는, 병들고 늙었기로 사절함일세'라든가, 또 '다시 나면 네 뜻대로 따라가련만, 병든 이라 세상 정욕 찬 재 같은 걸'이라고 한 것을 보면, 율곡의 건강과 늙음이 유지의 간절한 구애를 허락할 수 없는 중요한 원인이 되었던 것 같다.

율곡이 세상을 떠나기 3개월 전, 유지라는 여인과의 만남에서 보여준 인간적인 모습이 하나의 시로 잘 표현되어 있다. 그의 말대로 '정에서 출발해서 예의로 끝나는' 한 유학자의 멋진 모습을 볼 수 있다. 박세채朴世采, 1631~1695의 「견문록」에 의하면 유지는 율곡이 별세했다는 말을 듣고 서울로 달려가 곡하고, 3년 상의 복을 입었다고 전한다.

12
나라를 걱정하며 세상을 뜨다

하늘이 율곡에게 총명한 머리는 주었지만 건강은 주지 않았다. 문헌에 의하면 율곡은 젊어서부터 항상 건강이 좋지 않아 약봉지를 늘 휴대했던 것 같다. 몸은 허약한데도 율곡의 마음은 강했다. 특히 그의 나라 사랑과 백성에 대한 근심 걱정은 전 생애를 걸쳐 일관했다.

율곡은 1584년 1월 16일 경성 대사동에서 49세를 일기로 세상을 마쳤다. 그는 연초부터 병석에 누워 있었다. 1월 14일에는 전방 지휘관으로 임명을 받은 서익徐益이 율곡에게서 북방 경비의 방략을 듣기 위해 방문하였다. 이에 자제들이 병환이 심하므로 정신을 쓰지 말 것을 간청하였으나 "이는 국가의 대사이니, 이 기회를 그냥 지나쳐 버릴 수 없다" 하고, 곧 부축을 받아 앉아 입으로 불러주며 아우 이우李瑀를 시켜 쓰게 하였으니, 이것이「육조방략六條方略」이다. 그 내용은 임금의 인덕仁德을 선양할 것, 북방 오랑캐들을 잘 관리할 것, 우리 임금의 위엄을 신장할 것, 배반한 오랑캐를 제압할 것, 사신들의 비용을 줄여 백성들의 힘을 덜어 줄 것, 장수들의 재략을 미리 살펴 위급한 일에 대비할 것 등이었다. 이것이 율곡의 마지막 글이요 나라와 백성을 위한 헌책이었다. 이와 같이 율곡은 마지막 생애를 마치는 순간까지 나라를 위한 애국충정을 잊지 않았다.

문병 온 친우 정철의 손을 잡고 사람을 등용함에 편중하지 말라 당부하고, 그 이튿날 새벽 부축을 받고 일어나 자리를 바꾸라 하고, 의건衣巾을 단정히 하고 누워 편안히 운명하였다.

서거하는 날 집에 남겨놓은 자산이 없어 그 염습을 모두 친구들이 부조한 수의로 하였다. 항상 남의 집을 세내어 살았기 때문에 처자가 의탁할 곳이 없었다. 이에 문생과 친우들이 각각 염출하여 집을 사서 살게 하였다. 율곡의 청렴한 생애를 보여주는 대목이다.

율곡의 죽음 소식이 전해지자 임금은 물론 태학생, 일반 서민, 저 시골의 농부들까지 슬퍼하였다. 도우道友였던 성혼은 "율곡은 도道에 있어 큰 근원을 밝게 보았다. 그 이른바 '인심의 발함이 두 근원이 없고, 이理와 기가 서로 발한다고 할 수 없다'는 등의 말은 모두 실지로 터득한 것이다. 진실로 산하山

河의 정기를 타고나신 분이요 하은주 삼대 이상의 인물로서 참으로 나의 스승이었다. 그런데 하늘이 그런 분을 빨리 빼앗아 가 이 세상에 도를 펼 수 없게 하였으니, 참으로 애통한 일이다"라고 추모하였다.

그해 3월 20일 파주 자운산 언덕에 장사지냈는데, 부친의 묘소 뒤에 위치하였다. 1624년 '도덕박문道德博文을 문文이라 하고, 안민입정安民立政을 성成이라 한다' 하여, '문성공文成公'의 시호를 받았다. 수많은 유림들이 문묘 배향을 요청하는 상소를 올렸으나 허락되지 않다가, 1681년(숙종 7년) 태학생 이연보李延普 등 8도 유생들이 상소하여 마침내 문묘 배향을 허락받고, 그 이듬해 1682년에 문묘에 배향하였다. 그러나 1689년(숙종 15년) 동인들의 상소로 율곡은 성혼과 함께 문묘에서 쫓겨나는 수모를 겪었는데, 1694년(숙종 20년) 6월에 다시 복향復享되었다.

율곡은 파주의 자운서원을 비롯하여 여산의 죽림서원, 청주의 신항서원, 충주의 팔봉서원, 청송의 병암서원, 개성의 창암서원, 풍덕의 구암서원, 경기 광주의 구암서원 등에 제향되었다.

세창사상가산책 | 李珥

2

율곡의 말과 글

1

유학의 개론서: 「성학집요聖學輯要」

율곡의 많은 저술 가운데 가장 대표적인 저술이 「성학집요」이다. 퇴계에게 「성학십도聖學十圖」가 있다면 율곡에게는 「성학집요」가 있다. 이 책은 1575년(선조 8년) 율곡의 나이 40살 때 선조의 명으로 지어 올린 것이다.『대학』의 체계에 따라 유가의 사서육경과 송대 유학자들의 학설을 종합하고, 또 자신의 견해를 덧붙인 것이다. 이 책은 일종의 유학개론서로서 율곡의 유학에 대한 해박한 지식과 이해를 볼 수 있는데, 율곡 이후 많은 유학자들이 유학에 대한 입문서로서 애용하기도 했다.

이 책은 13권 7책으로 되어 있는데, 그 내용은 5편 33장으로 구성되어 있다. 제1편은 통설統說, 제2편은 수기修己, 제3편은 정가正家, 제4편은 위정爲政, 제5편은 성현도통聖賢道統으로 구성되어 있다. 율곡은 이 책의 서문에서 "『대학』은 본래 덕에 들어가는 입문인데, 진씨眞西山의『연의衍義』는 오히려 간결하지 못하니, 진실로 『대학』의 뜻을 모방하여 차례를 따라 나누어서, 성현의 말씀을 정선精選하여 절목을 자세하게 하여, 말은 간략하되 이치가 다하게 되면 곧 요령의 방법이 여기에 있사옵니다" 하고, "이에 다른 일을 폐기하고 오로지 요령을 간추리는 것을 일삼아 사서육경과 선유의 설과 역대의 역사에까지 깊이 탐색하고 널리 찾아서, 그 정수精粹만을 채집하여 모으고, 차례를 나누어서 번거로운 것을 줄여 요약하며, 깊이 연구하고 거듭 바로잡아 두 해를 걸려 편성하였사온데 모두 다섯 편이옵니다"라고 하였다.

끝으로 율곡은 "이 책은 비록 임금의 학문을 주로 하였사오나 실상은 상하에 통하오니, 배우는 이로서 널리 보고 범람하여 귀결이 없는 자는 마땅히 여기에 공을 거두어 반성의 방법을 얻고, 배우지 못하여 고루하고 견문이 좁은 자는 마땅히 여기에 힘을 들여 향학向學의 방향을 정해야 할 것이오니, 배움에는 빠르고 늦음이 있으나 모두 유익할 것이옵니다. 이 책은 사서와 육경의 계단이며 사다리이오니, 만약 부지런한 것을 싫어하고 간편한 것을 편안히 여겨, 학문의 공이 여기에서 그친다고 하면, 이것은 그 문과 뜨락만 구하고 그 안방은 찾

지 못한 것이오니, 신이 책을 엮은 본의가 아니옵니다"라고
하였다.

　서문에 나타난 율곡의 저술 동기에서 보듯이, 이 책은 유학
을 이해하는 입문서로서 매우 중요한 의미가 있고, 유학의 경
전과 송대 유학자들의 학문을 종합적으로 체계화한 이론서
라는 점에서 그 의미가 크다. 율곡이 쓴 유학개론서라고 보면
좋을 것이다.

2
개혁의 진단과 처방: 「만언봉사萬言封事」

　율곡의 많은 상소문 가운데 가장 대표적인 것이 이 「만언봉
사」이다. 1574년(선조 7년) 1월 율곡의 나이 39살 때 우부승지로
서 임금에게 올린 글이다. 글자 수가 무려 만여 자에 달하는
장문의 글이고 밀봉한 편지라 해서 붙여진 이름이다.

　율곡은 서두에서 '정치에는 때를 아는 것이 귀하고, 일을 하

는 데 있어서는 실實을 힘쓰는 것이 중요하다政貴知時 事要務實'
고 하였다. 지시知時란 치자의 현실에 대한 통찰을 의미하고,
무실務實이란 정치의 심법을 말한 것이다. 그는 때에 따라 변
통變通을 하고 법을 마련하여 백성을 구제해야 한다 하였다.
당시 연산시대의 악법에 대한 개정이나 폐지를 통해 백성들
의 고통을 풀어 주고 민생을 넉넉히 해 주어야 한다 하였다.
그는 당시의 현실을 이렇게 진단하고 있다. "시험 삼아 오늘
날의 정치에 대해 말씀드릴 것 같으면, 공법貢法은 연산군 때
에 백성을 학대하던 법을 그대로 지키고 있고, 관리의 임용은
권세 있는 간신들이 청탁을 앞세우던 습성을 그대로 따르고
있으며, 글재주를 중시하고 덕행을 경시하여 덕행이 높은 이
는 끝내 굽혀 작은 벼슬에 머물게 되고, 문벌을 중히 여기고
어진 인재를 가볍게 여겨, 집안이 가난한 자들은 그의 능력을
펴지 못하고 있다"고 한다. 2백여 년 지나는 동안 때도 바뀌고
일도 변하게 되어 폐단이 없지 않으니, 이제 변통하지 않으면
안 된다고 하였다.

　율곡은 오늘날의 정치가 효과를 보지 못하고 있는 것은 실
질적인 노력이 없기 때문인데, 걱정해야 할 일곱 가지를 다음

과 같이 진단하였다. 첫째 위아래 사람들이 서로 믿는 실상이 없고, 둘째 신하들이 일을 책임지려는 실상이 없고, 셋째 경연經筵이 아무것도 성취하려는 실상이 없고, 넷째 현명한 사람을 초빙하여 거두어 쓰는 실상이 없고, 다섯째 천재지변을 당해도 하늘의 뜻에 대응하는 실상이 없고, 여섯째 여러 가지 정책에 백성을 구제하는 실상이 없고, 일곱째 인심이 선을 지향하는 실상이 없는 것이라 지적하였다. 율곡은 7가지의 무실無實 현상을 당시의 문제로 진단하였다.

이어 그는 의사가 진단에 따라 처방을 하듯이, 자기관리修己의 방법으로 네 가지와 민생安民의 대안으로 다섯 가지를 제시하였다. 자기관리를 위한 방법으로는 임금의 뜻을 분발하여 삼대의 흥성했던 시대로 되돌려 놓기를 기약하는 것, 성학聖學을 힘씀으로써 성의와 정심의 공효를 다하도록 하는 것, 편벽된 사사로움을 버림으로써 지극히 공정한 도량을 넓히는 것, 현명한 선비들을 친근히 함으로써 깨우쳐 주고 보필해 주는 이익이 되도록 하는 것이다.

또한 민생의 대안으로는 정성된 마음을 개방함으로써 여러 신하들의 충정을 얻는 것, 공안貢案을 개혁함으로써 포악하게 거둬들이는 폐해를 없애는 것, 절약과 검소를 숭상함으로써 사치스런 풍조를 개혁하는 것, 선상選上의 제도를 바꿔 공천公賤의 고통을 덜어주는 것, 군정軍政을 개혁함으로써 안팎의 방비를 굳건히 하는 것이라 하였다.

율곡은 상소문 말미에서 "소신은 나라의 두터운 은총을 받아 백번 죽는다 해도 보답하기 어려운 정도이니, 진실로 나라에 이익이 된다면 끓는 가마솥에 던져지고 도끼로 목을 잘리는 형벌을 받게 된다 하더라도 신은 피하지 않겠습니다" 하고, "바라옵건대 전하께서 자세히 보시고 익히 검토하시며, 찬찬히 궁구하고 깊이 생각하시어, 성상의 마음속에 취하고 버릴 것을 결정하신 다음, 널리 조정의 신하들에게 물으시어, 그 가부를 의논한 후에 이를 받아들이거나 물리치신다면 매우 다행스럽겠습니다" 하였다. 그리고 만약 이렇게 해서 3년이 지나도 나라가 진흥하지 않고 백성들이 편안해지지 않으며, 군대가 정예로워지지 않으면 임금을 속인 죄로 다스려 요상한 말을 하는 자들의 훈계가 되도록 해 달라 하였다.

이 상소는 율곡의 개혁론과 경세론을 집대성한 대표적인 글일 뿐만 아니라, 율곡의 역사인식과 우국충정이 잘 나타나 있는 글이라 할 수 있다.

3
인성교육의 교과서: 『격몽요결擊蒙要訣』

이 책은 1577년 율곡의 나이 42살 되던 해 늦겨울에 황해도 해주 석담에서 어린이들을 가르치기 위해 손수 지은 유아용 교과서라 할 수 있다. 『격몽요결擊蒙要訣』이란 책 이름은, '무지 몽매함을 깨뜨리는 중요한 비결'이라는 뜻인데, '격몽擊蒙'이란 용어는 『주역』 몽괘蒙卦 상구효사上九爻辭에 나오는 말로, '몽매하여 따르지 않는 자를 깨우치거나 징벌한다'는 뜻이다.

율곡은 이 책 서문에서 "사람이 이 세상에 태어나서 학문에 의존하지 않고는 올바른 사람이 될 수 없다" 하고, "이른바 학문이란 이상하거나 별다른 것이 아니라, 다만 아비가 되어서는 자애롭고, 자식이 되어서는 효도하고, 신하가 되어서는 충성하고, 부부간에는 분별이 있고, 형제간에는 우애롭고, 젊은 이는 어른을 공경하고, 친구 간에는 신의를 두는 것으로, 일용의 모든 일에 있어 그 일에 따라 각기 마땅하게 할 뿐이요, 현묘玄妙한 것에 마음을 두거나 기이한 것을 노리는 것이 아니다. 다만 학문하지 않은 사람은 마음이 막히고 식견이 좁게 마련이다. 그러므로 모름지기 글을 읽고 이치를 궁구하여 마땅히 향할 길을 밝힌 연후에야 조예가 올바르고 실천에 중도를 얻게 된다"고 하였다.

그런데 "요즘 학생들은 학문이 일상생활에 있는 줄은 모르고, 망령되게 높고 멀어 행하기 어려운 것으로 생각하는 까닭에, 특별한 사람에게 미루고 자기는 자포자기한다. 이 어찌 불쌍한 일이 아니랴. 내가 해산의 남쪽(해주 석담)에 거처를 정하자, 한두 학생이 찾아와 배우기를 청해 왔다. 내가 스승이 될 수 없는 것이 부끄러웠으나 또한 초학의 방향을 모를 뿐 아니라, 굳은 뜻이 없이 그저 아무렇게나 이것저것 배우면 피차에 도움이 없고 도리어 남의 조롱만 사게 될까 염려되었다. 이에 간략하게 써서 대략 마음을 세우는 것, 몸가짐을 단속하는 일, 부모를 봉양하는 법, 남을 접대하는 방법을 서술하고, 이를 '격몽요결'이라 이름 해서 학도들로 하여금 이것을 보아 마음을 썼고 뜻을 세워 즉시 공부에 착수하게 하고, 나 역시 오랫동안 구습에 얽매여 괴로워하던 차에, 이것으로 스스로 경계하고 반성코자 하노라"라고 적고 있다. 여기에 『격몽요결』을 지은 동기가 잘 나타나 있다.

이 책은 모두 10장으로 구성되어 있는데, 제1장은 입지장立志章, 제2장은 혁구습장革舊習章, 제3장은 지신장持身章, 제4장은 독서장讀書章, 제5장은 사친장事親章, 제6장은 상제장喪制章, 제7장은 제례장祭禮章, 제8장은 거가장居家章, 제9장은 접인장接人章, 제10장은 처세장處世章으로 되어 있다.

이 책의 목차에서 볼 수 있는 것처럼, 이 책은 어린 학생들의 학문에 대한 입지, 마음공부, 몸가짐, 독서요령, 효도의 방법, 상례와 제례법, 가정에서의 도리, 대인관계론, 세상을 살아가는 올바른 방법 등을 자세히 안내하고 있다. 인성교육은 어려서부터 되어야 한다는 점에서 이 책의 의의를 새롭게 인식할 수 있다.

4
경세를 논하다: 「동호문답東湖問答」

이 글은 1569년 율곡의 나이 34세 때 홍문관의 문신들에게 휴가를 주어 동호독서당東湖讀書堂에서 공부하게 하고 숙제로 저술을 바치게 하였는데, 이에 율곡이 과제물로 낸 글이다. 이 글은 주인과 손님이 묻고 대답하는 형식으로 되어 있는데, 그 순서는 임금의 도리, 신하의 도리, 임금과 신하가 서로 만남이 어려움을 논한 것, 우리나라에 도학이 행해지지 않음을 논한 것, 우리 조정에 고도古道가 회복되지 않음을 논한 것, 지금의 시세를 논한 것, 무실務實이 수기의 요령임을 논한 것, 간사한 자를 분별함이 어진 이를 등용하는 요령임을 논한 것, 백성을 편안하게 하는 방법을 논한 것, 백성을 교화하는 방법을 논한 것, 명분을 바르게 함이 정치의 근본이 됨을 논한 것으로 되어 있다.

이처럼 「동호문답」은 율곡의 정치철학이 요령 있게 잘 정리된 작품인데, 이를 통해 그의 역사인식, 임금의 도리와 신하의 도리, 도학론, 현실인식과 인사원칙, 무실務實사상, 정명正名사상, 그리고 경세의 양축인 양민養民과 교민教民의 이론을 볼 수 있다.

율곡은 여기에서 도학을 설명하면서 "저 독서라는 것은 격물치지格物致知 중의 한 가지 일에 불과할 뿐인데, 글만 읽고 실천이 없다면 어찌 앵무새가 말 잘하는 것과 무엇이 다르냐?"고 하였다. 또 도학지사道學之士를 진유眞儒라 하면서, "이른바 진유라는 것은 세상에 나아가면 한 시대에 도를 행하여, 이 백성으로 하여금 자유로운 즐거움을 누리게 하고, 물러나 숨어 있으면 만세에 가르침을 전하여, 배우는 이로 하여금 큰 잠에서 깨어나게 하는 것입니다. 세상에 나아가서는 행할 만한 도술이 없고 물러난 뒤에는 전할 만한 가르침이 없다면, 비록 진유라 하더라도 나는 믿지 않습니다"라고 하였다.

율곡은 세상이 다스려지고 혼란한 것은 사람에게 있는 것이지 때에 있는 것이 아니라 하고, 때라는 것은 윗자리에 있는 사람이 만드는 것이라 하였다. 그리고 하은주 삼대의 회복을 하려면 먼저 임금이 왕도王道의 뜻을 가져야 한다 하고, 정말 이런 뜻을 세운다면 성인으로써 표준을 삼고, 꼭 배우려고

한 뒤에야 하은주 삼대의 정치를 회복할 수 있다 하였다. 율곡은 임금이 뜻을 세웠다면 그다음은 실實을 힘써야 한다 하였다. "아침이 다 가도록 밥상만 차려 놓고 배 한번 불러보지 못하는 것처럼 빈말뿐이고 실지가 없다면 어떻게 일을 할 수 있겠습니까? 지금 경연석상에서나 상소하는 글 사이에, 나라를 다스릴 만한 좋은 계획과 의논이 없는 것이 아닌데도, 한 가지 폐단의 개혁과 한 가지 계책의 실시도 볼 수 없으니, 이것은 오직 실효를 힘쓰지 아니한 때문입니다. 지금 우리 주상께서 꼭 정치와 교화에 힘써 옛날의 도를 회복코자 하신다면, 마땅히 실효를 힘쓰고 형식은 일삼지 말아야 할 것입니다"라고 하였다. 이처럼 율곡은 임금 자신의 무실務實을 강조하였다. 그리고 구체적으로는 격물치지格物致知의 실효, 성의誠意의 실효, 정심正心의 실효, 수신修身의 실효, 효친孝親의 실효, 치가治家의 실효, 어진 이를 쓰는 실효, 간사한 자를 물리치는 실효, 백성을 보호하는 실효, 교화의 실효를 주장하였다.

그 밖에도 율곡은 당시의 시대적 상황을 분석해 현실을 진단하고, 이에 대한 대안으로 다양한 개혁안을 제시하였다. 30대 젊은 율곡의 시국에 대한 안목과 정치적 꿈을 보여준다는 점에서 그 의미가 크다.

율곡의 경세에 대한 이론과 대책은 이 밖에도 그의 상소문 속에 잘 나타나 있고, 1565년(명종 20년)부터 1571년(선조 4년)까지 7년 동안 율곡이 임금을 보좌하는 직책에 있으면서 당시 조정에서 있었던 사실을 기록하고, 자신이 보고 느낀 바를 기록한『경연일기經筵日記』또한 소중한 자료라 할 수 있다.

5
국방의 진단과 처방:「육조계六條啓」

이「육조계」는 1583년 2월 율곡이 서거하기 1년 전 48세에 병조판서로 있으면서 올린 국방안보에 관한 종합적인 대책이다. 율곡은 당시의 상황을 가리켜 "우리나라는 태평한 지 이미 오래되어 매사에 태만함이 날로 심하여지고, 서울과 지방이 공허하고, 군사와 식량이 모두 궁핍하여, 조그만 오랑캐가 변경을 침범해도 온 나라가 깜짝 놀라게 되니, 만일 큰 오랑캐가 침입해 온다면, 비록 지혜 있는 사람일지라도 이를 막을 계책이 없을 것입니다"라고 하였다.

그리고 그는 말하기를, "신은 본래 부유腐儒로서 외람되이 병조판서의 자리를 더럽혀, 밤낮으로 노심초사한 끝에 감히 어리석은 의견을 드리되 대략만을 말씀드리고, 그간의 곡절은 반드시 모름지기 대면해서 상세히 말씀드리겠습니다"라고 하였다.

이「육조계」는 위에서 보듯이 당시 안보적 상황을 심각히 우려한 율곡이 국방안보의 대책으로 제시한 것인데, 모두 6개조로 구성되어 있다. 제1조는 어질고 유능한 사람을 등용할 것任賢能, 제2조는 군사와 백성을 양성할 것養軍民, 제3조는 재용을 넉넉히 할 것足財用, 제4조는 변방의 경비를 튼튼히 할 것固蕃屛, 제5조는 군사용 말을 준비할 것備戰馬, 제6조는 백성의 교화를 밝힐 것明敎化 등이다.

여기서 보듯이 율곡의 이「육조계」는 단순한 군사대책이 아니라 국방과 안보에 관한 종합적이고 체계적인 정책의 제시라는 점에서 그 의미가 크다. 율곡은 본래 유학자요 문인이었지만 남달리 국방 안보분야에 조예가 깊었고, 투철한 우환의식을 가지고 있었다. 그러기에 경연석상에서 십만 양병의 설을 설파하기도 했고, 「문무책文武策」을 통해 문무가 둘이 아니라 겸비해야 한다는 문무일체론을 펼친 바 있다. 또한 그의 수많은 상소문에는 정치, 경제, 교육, 사회문제와 함께 반드시 군사대책이 포함되어 있음을 알 수 있다. 이러한 율곡의 국방안보에 대한 탁월한 경륜과 관심을 통해서 볼 때, 율곡을 단순히 이기론만을 농하는 관념적 지식인으로 볼 수 없는 이유가 된다.

율곡은 먼저 인재등용의 중요함을 말한다. 즉 국방에 있어서도 인사가 곧 만사라는 말이다. 『맹자』의 말을 좇아, 도덕적으로 존경받는 이를 높은 자리에 앉히고, 군사에 유능한 사람을 적재적소에 맡겨야 한다는 것이다. 또 국방의 기초라 할 수 있는 군사와 백성을 충분히 양성해야 한다 하였다. 백성이 곧 군사가 된다는 점에서 충분한 군사인력의 확보를 강조한 것이다.

또한 율곡은 국방에 있어 경제의 중요성을 인식하고, 경제역량의 확보가 강한 군사력의 원천임을 강조하였다. 이는 국방과 경제의 상관성을 말했다는 점에서 율곡의 선구적 안목을 볼 수 있다. 율곡은 변방의 경비를 튼튼히 해야 한다고 하여, 전방 경비의 중요성을 강조하였다. 그리고 군사용 말의 양육을 강조함으로써 전력의 기동성을 강조하였다. 이는 전술적 측면에서 의미 있는 대책이라 할 수 있다. 끝으로 율곡은 백성들의 교화를 강조했는데, 이는 국방에 있어서 정신전력의 중요성을 말한 것이다. 왜냐하면 전쟁이란 결국 사람이 하는 것이기 때문에 백성들의 애국심, 나라에 대한 충성심이 중요하기 때문이다. 이와 같이 「육조계」는 율곡의 국방대책을 종합적으로 이해할 수 있는 이론으로 현대적으로도 중요한 가치가 있다.

6
교육을 논하다: 「학교모범學校模範」

「학교모범」은 1582년(선조 15년) 율곡 47살 때 왕명에 의해 지어 올린 교육에 관한 전문적인 글이다. 모두 16조로 되어 있는데 뒤에 사목事目을 덧붙였다. 율곡은 이 책을 지은 동기를, "이제 지난날의 물든 습속을 일소하고, 선비의 기풍을 크게 변화시켜 보려고, 선비를 가려 뽑고 가르치는 방법을 다하여 성현의 가르침을 대략 본받아 「학교모범」을 만들어, 여러 선비들로 하여금 몸을 가다듬고 일을 처리해 나가는 규범을 삼게하는 바이다"라고 하였다. 그리고 "이것은 모두 16조이니, 제자된 자는 진실로 마땅히 지켜 행해야 하고, 스승된 자는 더욱 이것으로써 먼저 제 몸을 바로잡아, 이끄는 도리를 다 해야 할 것이다"라고 하였다.

「학교모범」 16조를 살펴보면 다음과 같다. 제1조는 뜻을 세움이니, 배우는 자는 먼저 뜻을 세워야 하며, 도道로써 자신의 임무를 삼아야 한다. 제2조는 몸을 단속함이니, 배우는 자가 한번 성인이 되겠다는 뜻을 세운 연후에 반드시 옛 습관을 씻어버리고, 오로지 배움을 향하여 몸가짐과 행동을 다 바로잡아야 한다. 제3조는 독서이니, 배우는 자가 선비의 행실로 몸가짐을 단속하고 난 후 반드시 독서와 강학으로써 의리를 밝혀야 하니, 그런 뒤에 학문에 나아가야 공부의 방향이 흐리지 않게 된다. 제4조는 말을 삼감이니, 배우는 자가 선비의 행실을 닦으려 하면 반드시 언어를 삼가야 한다. 제5조는 본 마음을 간직함이니, 배우는 자가 몸을 닦으려면 반드시 안으로 마음을 바로잡아 외물의 유혹을 받지 않아야 된다는 것이니, 그런 뒤에라야 마음이 편안해 온갖 사악이 물러나서 바야흐로 실덕實德에 나아가게 된다. 제6조는 어버이를 섬김이니, 선비의 온갖 행실 중에 효도하고 어른께 공경스럽게 순종함을 근본으로 삼으니, 삼천 가지 죄목 중에 불효가 가장 큼을 말한다. 제7조는 스승을 섬김이니, 배우는 자가 성심으로 도에 뜻을 두었다면 반드시 먼저 스승을 섬기는 도리를 융숭히 해야 한다. 제8조는 벗을 가림이니, 도를 이어받고 의혹을 푸는 것은 스승에게 있다 하더라도, 서로 갈고 닦아 인仁을 돕는 것은 실로 벗에게 힘입어야 함을 말한다. 제9조는 가정생활이니, 배우는 자가 몸과 마음을 닦은 후에 가정생활에서 윤리를 다해야 한다. 제10조는 사람을 응접함이니, 배우는 자가 가정을 바로잡고 나서는 남을 대할 때 한결같이 예의로 지켜야 한다. 제11조는 과거에 응시함이니, 과거는 비록 뜻 있는 선비가 조급히 서두를 것은 아니다. 또한 근세에는 그것이 벼슬길에 들어가는 길이다. 만일 도학에 전심하여 진퇴를 예의에 의해 하는 이라면 그것을 숭상할 리 없지만, 혹 서울의 문물을 보고 과거를 보게 되면 또한 성심으로 공부를 해야지, 세월만 부질없이 보내서는 안 된다. 제12조는 의리를 지킴이니, 배우는 자는 의리와 이익을 밝게 분별하는 것보다 더 급한 것이 없다. 의리라는 것은 무엇을 위해 하는 것이 아니다. 조금이라도 바라는 목적이 있다면, 모두 이익을 위하는 도척의 무리다. 제13조는 충직함을 숭상함이니, 충후忠厚와 기절氣節은 서로 안팎이 되는 것이나, 스스로 지키는 절도가 없이 두루뭉술한 것으로 충후한 체하는 것도 옳지 못하며, 근본적인 덕이 없이 과격한 것으로서 기절인 체하는 것도 옳지 못하다. 제14조는 공경을 돈독히 함이니, 배우는 자가 덕에 나아가고 학업을 닦는 것은 오직 공경을 돈독히 하는 데 있다. 공경하기를 돈독히 못 하면, 이는 다만 빈말뿐이니, 모름지기 안팎이 하나같고 조금도 중단이 없어야 한다. 제15조는 학교에 거처함이니, 배우는 자가 학교에 있을 때에는 모든 행동거지를 일체 교칙에 따라야 한다. 독서도 하고 실습도 하며, 식후에는 잠시 거닐어 정신을 맑게 하고 돌아와 학업을 익히되, 저녁 먹은 뒤에도 역시 그렇게 한다. 제16조는 글 읽는 방법이니, 매월 초하루 보름에는 여러 유생이 학교에 함께 모여 문묘에 인사하고 읍례揖禮를 마친 뒤, 좌정하여 장의掌議가 소리 높여「백록동교조白鹿洞教條」와「학교모범學校模範」을 한 번씩 읽는다. 그러고 나서 서로 강론하며 서로 실상적인 공부로써 권면하고, 만일 의논할 일이 있으면 강론을 통해 결정한다. 이상이「학교모범」의 16조 대강이다.

율곡은 위 16조목은 스승과 제자, 벗들 사이에 서로 권면하고 경계하며 힘써 명심해야 한다 하고, 스승을 가려 선비를 양성하는 규정을 자세히 기술하였다. 물론 시대가 달라 글대로 적용할 수는 없지만, 교사 선발의 중요성과 엄격함을 잘 알 수 있다.

이 밖에도「은병정사학규隱屏精舍學規」,「은병정사약속隱屏精舍約束」,「문헌서원학규文憲書院學規」,「정사精舍의 학도들에게 보이는 글」등은 당시 학교의 교칙이나 규정 그리고 학생들의 생활규범을 보여주고 있다는 점에서 율곡의 교육사상을 이해하는 중요한 자료라고 할 수 있다.

7

윤리적 협동사회의 구현: 「해주향약海州鄕約」

향약鄕約이란 고을 주민들 스스로 윤리적 협동사회를 구현하기 위해 만든 일종의 자치규약이다. 이는 멀리 송대의 학자 여대균呂大鈞, 여대충呂大忠, 여대방呂大防, 여대림呂大臨 4형제의 「여씨향약呂氏鄕約」에서 유래하여 주자가 이를 가감하여 「주자증손여씨향약朱子增損呂氏鄕約」을 만들었다. 우리나라에서는 1518년(중종 13년) 모재 김안국慕齋 金安國, 1478~1543이 「언해여씨향약諺解呂氏鄕約」을 간행 반포하였고, 1517년 정암 조광조靜庵 趙光祖, 1482~1519는 향약을 전국적으로 실시하였다.

율곡은 이를 계승하여 1570년(선조 4년) 청주목사로 부임하여 이 고을의 교화를 위해 「서원향약西原鄕約」을 만들었다. 그는 이 향약 머리글에서 향약의 의의를 설명하기를, "향약이란 옛날 것이다. 같은 구역에 사는 사람이 도적을 막는 데 서로 돕고, 병이 들었을 때 서로 구제하고, 출입할 때 서로 붙들어 주며, 또한 자제들로 하여금 글방에서 가르침을 받아, 효제孝悌

의 의리를 다지게 한다"고 하였다.

또 1577년(선조 10년)에는 율곡이 벼슬을 그만두고 해주 석담에 물러나 있을 때, 이 고을 유지들과 의논하여 「해주향약海州鄉約」을 만들었다. 이것은 「서원향약」보다 훨씬 내용이 방대하고 빈민 구제책이 담긴 「사창계 약속社倉契 約束」이 첨가되었다.

「해주향약」에는 향약 설립의 준비과정부터 조직, 필요한 장부, 입약入約의 의례, 입약의 절차, 집회 일시 및 횟수, 출석의 의무와 불참자에 대한 규제, 선행과 악행의 누가 기록, 재정의 확보, 애경사의 상조 규정 등을 적고 있다. 또 「여씨향약呂氏鄉約」을 모방하여 덕업德業을 서로 권장할 것德業相勸, 과실過失을 서로 바로잡아 줄 것過失相規, 예속禮俗으로 서로 사귈 것禮俗相交, 환난患難을 서로 구제해 줄 것患難相恤 등 네 가지를 기본 덕목으로 하고 있다. 그러나 구체적인 절목은 현실적 여건을 고려하고 시의에 맞게 조절하였다. 특히 「사창계 약속」은 서인과 천민 중에서 임원을 선발한다고 하여, 율곡이 신분을 떠나 양반과 상민이 동참하여 윤리적 협동사회를 구현코자 한 의도를 잘 알 수 있다.

율곡의 「서원향약」, 「해주향약」, 「사창계 약속」 등은 율곡의 사회교육사상을 연구하는 데 매우 중요한 자료라 할 수 있다.

8
철학을 논하다: 「답성호원서答成浩原書」

퇴계와 기대승奇大升 간에 사단칠정에 관한 논변이 있었다면, 또 율곡과 우계 성혼牛溪 成渾, 1535~1598 간에 성리 논변이 있었다. 율곡과 성혼은 이미 20대에 도의지교道義之交를 한 막역한 사이였고, 정치적으로도 서인의 길을 함께 걸었다. 1572년 율곡 37살, 성혼 38살 때 인심도심人心道心을 중심으로 성리논변을 하였는데, 1년 동안에 걸쳐 9차례의 서신 왕래가 있었다. 이 논변은 성혼이 퇴계의 학설에 동조하기 때문에 율곡이 그것을 비판하면서 진행되었다. 이 논변은 단순히 인심도심 문제만을 다룬 것은 아니다. 그 밖에 이기론 전반, 본연지성 기질지성의 문제, 사단칠정의 문제 등 광범한 성리학 전반의 문제를 논의하였다. 퇴계와 기대승 간의 논변이 나이 차에 관계없이 비교적 대등하게 전개된 반면, 율곡과 성혼의 논변은 그렇지 못했다. 율곡이 일방적으로 성혼을 설득하는 방식이 주가 되지만, 조용하면서도 분명한 우계의 주장이 전혀 없는 것은 아니다.

이 글은 율곡의 성리학 체계를 종합적으로 이해할 수 있는 귀중한 자료가 되고, 율곡 성리학의 깊은 경지를 잘 보여준다. 여기에 율곡의 대표적인 학설이라 할 수 있는 이기지묘理氣之妙, 기발이승氣發理乘, 이통기국理通氣局의 이론이 잘 설명되어 있다.

또한 그의 인간 심성에 대한 철학적 이해가 잘 나타나 있다. 퇴계와 기대승이 그러했듯이 율곡과 성혼의 경우도 이 왕복 편지로 인해 자신들의 성리학적 견해가 다듬어지고 심화되었다. '싸우면 큰다'는 속어가 이 경우에도 적용됨을 알 수 있다.

사실 율곡과 퇴계의 논변이 이루어졌다면 더 바람직했을 테지만, 율곡은 퇴계를 대신해 친우인 성혼과 토론을 벌인 셈이다. 율곡이 퇴계의 '이발理發' 내지 '호발互發'을 끈질기게 비판하고 자신의 기발이승일도氣發理乘一途의 타당성을 성혼에게 지속적으로 설득한 것은 하나의 특징이라면 특징이다.

　가치론적 시각에서 성리학을 전개하는 퇴계의 논리가 존재론적 시각에서 성리학을 전개하는 율곡에게 동의받기는 애당초 어려웠을 것이다. 성혼은 존재론적으로는 이기理氣의 유기적 구조를 강조하는 율곡의 이론에 동의하면서도, 가치론적으로는 주리主理, 주기主氣의 퇴계식의 논리가 불가할 게 없다고 보는 것이다. 일종의 절충론이라 할 수 있다.

　돈독한 우정을 함께하면서도 철학적으로는 양보할 수 없는 논쟁을 벌인 율곡과 성혼의 참된 우정은 이 시대에도 귀감이 된다. 그리고 학술논쟁을 통해 자신의 철학과 학문을 보다 성숙하게 원숙하게 키워가는 두 유학자의 삶은 현대인에게도 하나의 교훈이 된다.

9

여러 가지 대책을 제안하다: 「문무책文武策」 등

율곡은 경세가답게 평생 많은 대책을 논하고 제안하였다. 그의 문집에 수록된 것을 소개하면 「조공 바치러 가는 길에 대한 책문貢路策」, 「문무에 대한 책문文武策」, 「사생과 귀신에 대한 책문死生鬼神策」, 「군정에 대한 책문軍政策」, 「신선에 대한 책문神仙策」, 「기도에 대한 책문祈禱策」, 「절서에 대한 책문節序策」, 「천도에 대한 책문天道策」, 「역수에 대한 책문易數策」, 「장수와 요절에 대한 책문壽夭策」, 「시폐 7조에 대한 책문時弊七條策」, 「의약에 대한 책문醫藥策」, 「천도와 인사에 대한 책문天道人事策」, 「성에 대한 책문誠策」, 「화에 대한 책문化策」, 「문에 대한 책문文策」, 「도적에 대한 책문盜賊策」 등 많은 책문들이 있다. 이 책문들은 거의가 임금의 요청에 의해 씌어진 글들이다. 제목에서 알 수 있듯이, 율곡의 책문들은 매우 다양한 주제를 가지고 있다. 「공로책」, 「문무책」, 「군정책」, 「시폐칠조책」, 「도적책」 같은 것은 경세의 실질을 논하고 있는 것이다. 또 「천도책」, 「역수책」, 「절서책」, 「신선책」, 「기도책」, 「수요책」, 「천도인사책」, 「의약책」, 「성책」, 「화책」, 「문책」 등은 천문, 수리, 귀신, 의약, 건강, 역수, 교화, 성誠, 천인관계 등을 논한 철학적인 글들이다. 율곡의 이기심성론 못지않게 중요한 비중으로 보아야 할 것이 바로 이 책문들이다.

「천도책」은 율곡이 23살 때 과거시험(별시)에 응시하여 쓴 답안지인데, 우주 자연에 대한 그의 해박한 지식과 철학이 잘 드러나 있다. 그는 여기에서 "아! 하나의 기가 운행 변화하여 흩어져 만 가지로 다른 것이니, 나누어서 말하면 천지만상이 각기 하나의 기氣지만, 합해서 말하면 천지만상이 동일한 기입니다"라고 하여, 이른바 기일분수氣一分殊의 이론을 펼치고 있다. 「역수책」에서는 "하나의 이理가 온전히 이루어 있고, 두 기가 유행하는 것과, 천지의 큼과 사물의 변화가 모두 이기의 오묘한 작용 아닌 것이 없으니, 이 말을 아는 자라야 더불어 역易을 논할 수 있습니다"라고 하였다. 또 「문무책」에서는 "이른바 '문文'이라는 것은 기억하는 것이나 익히고 문장이나 배우는 데 있는 것이 아니고, 교화를 밝혀 풍속을 진작시키는 데 있는 것이며, 이른바 '무武'라고 하는 것은 병사와 군마가 많고 무기가 정예한 데 있는 것이 아니고, 나라의 근본을 굳게 하여 외침을 방어하는 데 있는 것입니다"라고 하였다. 이 두 가지는 마치 사람의 두 손과 같고 새의 두 날개와 같다 하고, 그 용도는 비록 둘이지만 그 실상은 하나라고 하였다. 따라서 이 가운데 어느 하나를 버리고 능히 나라를 다스린 이를 아직 보지 못하였다 하였다.

또 「사생귀신책」에서는 "무릇 천하의 만물이 있다고 하면 있는 것이고, 없다고 하면 없는 것입니다만, 오직 사람이 죽은 귀신만은 있다고도 말할 수 없고 없다고도 말할 수 없습니다. 그 까닭은 왜 그런가 하면 그 정성이 있으면 그 신神이 있어 있다고 할 수 있고, 그 정성이 없으면 그 신이 없어 없다고 할 수 있기 때문입니다. 그러니 신이 있고 없는 기틀이 어찌 사람에게 있지 않겠습니까?"라고 하였다. 그는 또 "귀가 있어야만 소리를 들을 수 있고, 눈이 있어야만 색을 볼 수 있으며, 마음이 있어야만 생각할 수 있는 것입니다. 정기精氣가 한번 흩어지고 나면 귀는 들을 수 없고 눈은 볼 수 없으며, 마음은 생각할 수 없는 것이니, 모르긴 하지만 어떤 물체에 어떤 지각이 있겠습니까?"라고 하였다. 그리고 "이미 지각이 없다고 하면 천당과 지옥이 있다 하더라도 누가 그 괴로움과 즐거움을 알겠습니까?"라고 하였다.

또 「의약책」에서는 "장수나 단명의 수는 비록 하늘에 달려 있다고 하나, 보호하고 양육하는 수단은 사람에 있지 않습니까? 그러므로 병들기 전에 기를 기르고 병이 든 뒤에 병을 치료하여 정명正命을 순하게 받아서 섭생을 잃지 않는 것만이 병을 고치는 방법일 뿐입니다"라고 하였다. 그리고 음양, 복서卜筮, 점상占象 같은 설은 세상에 행해진 지 비록 오래지만, 허망한 데로 흘러가 버려 오늘날 얘기할 것도 못 된다 하였다.

「천도인사책」에서는 "하늘은 백성의 눈을 통해서 보고 백성의 귀를 통해서 듣는 것이니, 인심이 돌아가는 곳은 곧 천명이 있는 곳입니다. 그러므로 사람에게 거슬리고 하늘에 순한 자는 없고, 사람에게 순하고 하늘에 거슬리는 자도 없습니다"라고 하였다.

또 「문책」에서는 "도道가 나타난 것이 문文이니, 도는 문의 근본이요 문은 도의 말단입니다. 근본을 얻음으로써 말단이 그 속에 들어 있는 것은 성현의 문장이요, 그 말단만 일삼고 근본을 일삼지 않는 것은 속유俗儒의 문장입니다"라고 하였다. 따라서 그 본말을 궁구하여 먼저 하고 뒤에 할 것을 안다면, 바로 더불어 문장을 이야기할 만하다고 하였다.

「도적책」에서는 "도적도 본래는 백성이니, 백성을 도적으로 만들 수도 있다" 하고, "온 나라가 모두 염치를 숭상하는 풍속이 이루어져, 길에 떨어진 물건도 줍지 않는 삼대의 정치를 회복해야 한다"고 하였다. 그리고 "흐르는 물을 맑게 하려면 무엇보다도 근원을 맑게 해야 하고, 그림자를 곧게 하려면 무엇보다도 몸을 바르게 해야 하는 것입니다. 조정은 근원이요 몸이며, 백성은 흐르는 물이요 그림자입니다. 진실로 위로 대신들로부터 아래로는 백료에 이르기까지 모두가 청렴한 지조를 힘쓰고 탐내지 않는 것을 귀중하게 여김으로써, 집에는 뇌물 꾸러미가 끊기고 문에는 밤중에 사사로 찾아오는 일이 없어, 예의염치가 서고 그것이 마치 바람이 불면 풀이 쏠리듯 백성이 감화한다면, 저 염치를 알고 자신을 바로잡는 백성들을 아무리 날마다 매를 때리며 도적질을 하라고 해도 듣지 않을 것입니다"라고 하였다. 이처럼 율곡의 책문은 다양한 소재를 담고 있으며, 철학적 이론과 구체적인 현실 타개의 대안을 함께 갖추고 있어 매우 유용한 자료라 할 수 있다.

10
노자『도덕경』을 해석하다:『순언醇言』

    율곡은 퇴계와는 달리 불교나 도가 그리고 양명학이나 화담花潭의 기학氣學 등 이학異學에 대해 개방적 입장에서 비판적으로 수용하고 있다. 이 점은 율곡이 순정한 유학자가 아니라는 비난의 빌미가 되기도 하지만, 다른 한편으로는 율곡의 학문 세계가 넓고 열려 있음을 보여주는 증거가 된다.

    이『순언』은 율곡이 노자의『도덕경道德經』을 해석한 책으로, 세상에 알려진 지 얼마 되지 않는다. 1974년 한남대 유칠로 교수에 의해 서울대 규장각에서 발굴되어, 충남대 김길환 교수에 의해 처음으로 학계에 소개되었다.

    율곡은『도덕경』81장을 자신의 관점에서 중요하다고 생각되는 것만을 골라 40장으로 재편하고, 원문에 해석을 하고 한글로 구결을 달았다.『순언』은 유가 경전과 부합되는 내용에 가까운 글 2,098언을 뽑아 모은 것으로 그 목차는 다음과 같다. 1장에서 3장은 도道의 본체론, 4장은 심心의 본체론, 5장은 치기치인治己治人의 총론, 6장, 7장은 손색론損嗇論, 8장에서 12장까지는 손색론의 확충, 13장은 삼보설三寶說, 14장에서 19장까지는 삼보설의 확충, 20장은 경조론輕躁論, 21장은 청정론淸靜論, 22장은 용공론用功論, 23장, 24장은 전천全天의 공효론功效論, 25장은 체도體道의 공효, 26장부터 35장까지는 치인지도治人之道와 그 공효, 제36장은 신시여종愼始慮終, 37장, 38장은 천도天道와 익겸론益謙論, 39장, 40장은 '도를 실천하지 않음을 탄식함'으로 구성되어 있다.

율곡은 이 책 말미에서, "이 책은 무위無爲로써 종지宗旨를 삼고 그 용은 무불위無不爲를 썼으니 허무에 빠진 것은 아니라" 하였다. "다만 상달처上達處만을 논한 것이 많고 하학처下學處를 논한 것은 적기 때문에, 지혜가 뛰어난 사람上根之士은 그 오묘한 진리를 파악해 갈 수 있으나, 중인 이하의 사람들은 이해하기 어렵다"고 하였다.

끝에는 홍계희洪啓禧, 1703~1771의 발문이 붙어 있는데, 그는 여기서『순언』의 작자와 내용, 이 책이 전해진 경위, 작자의 저술의도 등이 잘 설명되어 있다. 그는 여기서 이 책의 이름을 『순언』이라 한 것은『도덕경』중에서 유도와 가까운 순정한 글

2098언을 가려 만들었기 때문에 붙인 이름이라 하였다. 이 책
은 율곡의 도가에 대한 입장과 견해를 잘 알 수 있는 자료인
동시에, 유학의 입장에서 본 노자『도덕경』이라는 점에서 매
우 중요한 가치를 가진다.

3

율곡의 성리학 이해

1
성리학이란 무엇인가?

  유학은 시대에 따라 여러 가지 이름으로 불리어왔다. 요임금, 순임금에 연원을 두고 우임금, 탕임금, 문왕, 무왕, 주공을 거쳐 공자에 의해 집대성된 유학은 춘추전국시대의 산물이다. 제자백가들에 의해 혼란했던 시대에 유교는 정통이 아니었다. 오히려 양주楊朱의 위아爲我사상과 묵자墨子의 겸애兼愛사상이 가장 인기 있는 사상이었다. 양주의 위아사상은 개인 지상의 사상이고, 묵자의 겸애는 전체 지상의 사상으로 양극단이었다. 맹자는 이러한 두 극단의 사상을 이단이라 비판하고, 공자의 사상을 인간사회에 가장 적의한 사상으로 천명하였다. 뒤이어 순자荀子는 공자의 유학을 보다 현실적으로 접근하여 합리적인 철학으로 만들었다. 이 시대의 유학을 우리는 선진先秦유학이라 부른다. 이때부터 진나라, 한나라, 위진남북조시대를 거쳐 수, 당까지 약 천여 년의 세월동안 유학은 지식인의 관심에서 벗어나 있었다. 이 시기는 유교 대신 도가와 불교가 융성하였고, 사변적인 철학보다는 문학이 사랑을 받았다.

당나라 말, 송나라 초기의 지식인들 사이에서 왜 유교가 사랑을 받지 못하는가에 대한 반성이 일어났다. 사실 유교의 경전이란 애초부터 체계적인 논리를 갖지 못한 것이고, 장마다 절마다 끊어진 담론의 모음집이었다. 이에 도가와 불교의 영향을 받으며 유교 경전을 새롭게 이해하는 운동이 벌어졌다. 보다 논리적이고 사변적인 철학으로의 변신이었다. 중국 송대의 주돈이濂溪, 周惇頤, 1017~1073, 장재橫渠, 張載, 1020~1078, 정호明道, 程顥, 1032~1086, 정이伊川, 程頤, 1033~1107 형제, 소옹康節, 邵雍, 1011~1077을 거쳐 주희晦庵, 朱熹, 1130~1200에 이르러 비로소 성리학의 체계가 이루어졌다.

성리학은 송대에 이루어졌다 해서 송학宋學이라 부르기도 하고, 그 형성 과정에서 정이천, 정명도 형제와 주자의 공이 크다 하여 정주학程朱學 또는 주자학朱子學이라고도 부른다. 또 성리학 자체가 유학이면서 동시에 근원적이고 형이상학적인 도道, 이理를 탐구하고 지향한다는 점에서 도학道學 또는 이학理學이라 부르기도 하였다. 또한 공자, 맹자의 유학 즉 사서오

경의 유학을 선진유학이라 하는 데 대해, 송대의 성리학, 명대의 양명학, 청대의 실학을 신유학neo-Confucianism이라 구별하기도 한다.

성리학이란 이름은 '성즉리性卽理'라는 말에서 연유하기도 하고, 『주역』의 '성명지리性命之理'에서 연유한 것이라고도 하지만, '인간 본성의 이치를 탐구하는 학문'이라고 정의하는 것이 합당한 것 같다. 성리학은 인간의 심성, 본성을 철학적으로 탐구하는 학문이다. 즉 인간 존재의 본질을 철학적으로 묻고 분석하고 이해하는 데 목적이 있다. 이때 성리학은 '이기理氣'라는 도구를 이용해 자연과 인간을 설명하는 데 특징이 있다. 이 점이 선진유학과 성리학이 두드러지게 구별되는 점이다.

그런데 인간의 정신세계, 의식의 세계는 그리 간단치 않다. 매우 다양한 양태로 존재한다. 즉 마음, 본성, 감정, 의지 등 다양한 모습으로 드러나고 그 역할과 기능도 각기 다르다는 점에서 이해가 쉽지 않다. 더욱이 인간의 본질이란 자연과 무관하지 않고 유기적으로 연계되어 있다는 점에서 인간과 자연, 천인의 관계가 또 하나의 과제로 주어진다. 다시 말하면 인간을 알기 위해 우주 자연을 알지 않으면 안 되는 것이다.

그리고 인간과 자연의 오묘한 유기적 구조를 심층적으로 이해하는 일이 매우 중요한 과제로 남는다. 더욱이 우주 자연이란 천지라는 말로 대체되고, 이를 더 압축 표현하면 천天이라 하는데, 그 천은 단순히 물리적이고 자연적인 천만이 아니라 종교적인 의미의 신의 개념으로도 사용되는 데 어려움이 있다. 인간의 본원, 근원에 대한 자연적 이해와 종교적 이해 그리고 종합적인 철학적 이해를 해야 하는 것이다.

성리학은 유교에 대한 주자적 해석이라 해도 틀리지 않는다. 공자, 맹자의 본원 유학에 대한 주자를 비롯한 장횡거, 정명도, 정이천의 해석을 통틀어 성리학이라 한다.

성리학은 이 세계를 형이상자로서의 이理와 형이하자로서의 기氣로 되어진 것이라 말한다. 이는『주역』의「계사전繫辭傳」에 '형이상자를 일러 도道라 하고, 형이하자를 일러 기器라 한다'는 말에서 연유한다.『주역』에서의 도道를 이理로, 기器를 기氣로 바꾸어 놓은 것이다. 유학은 이 세계, 모든 사물을 형이상자와 형이하자가 하나의 존재양태로 이루어진 것이라 본다. 즉 도와 기, 이理와 기가 하나의 유기체로 되어진 세계요 하나로 묘합되어진 사물로 인식하는 것이다.

그러면 이理는 무엇이고 기는 무엇인가? 이理는 어떤 것이 그러한 것으로 존재하는 이치라고 할 수 있다. 예를 들면 자동차의 이치가 곧 이理다. 자동차의 설계도가 이理다. 이理는 형상이 없으므로 보이지도 않고 냄새도 없고 색깔도 없다. 이理는 언제 어디서나 있고 변함이 없다. 이理는 우리의 감각적 경험에 와 닿지 않는다. 이理는 기가 실현할 목표요 이상이요 표준이다. 기는 이理대로 실현되어야 한다. 이理는 그 스스로 운동하거나 변하지 않는다. 시간과 공간에 관계없이 이理는 항상성을 유지한다. 그러므로 이理는 믿을 수 있고 이理는 변함이 없는 원칙이요 준거다.

반면에 기氣는 이理를 담는 그릇과 같다. 이理가 머물고 의착할 시간과 공간이 바로 기다. 기는 이치가 실현될 재료요 도구다. 자동차의 경우 그 설계도대로 만들어져야 하는데, 일체의 재료, 도구가 모두 기라 할 수 있다. 자동차는 이치만 있어도 안 되고, 재료만 있어도 안 된다. 이치대로 재료가 주어져 조립될 때 자동차라는 하나의 존재가 탄생한다. 기는 형상이 있으므로 볼 수 있고 만질 수 있고 우리의 감관으로 인식할 수 있다. 기는 언제나 운동하고 변화한다. 변화는 기의 본질적인 속성이다. 이理가 실현되고 우리 앞에 하나의 존재로 드러나게 되는 것은 기 때문이다. 만약 이理만 있다면 그것은 하나의 관념이요 이론이요 이상이다. 이론은 실천되어야 하고, 관념은 사실로 드러나야 하고, 이념은 실현되어야 한다. 이때 실천, 실현의 자구資具가 바로 기다. 결국 일체의 존재란 이理가 기를 통해 실현되는 것이다. 일체의 존재는 기로 인해 차별화되고 특수화된다. 왜냐하면 이理가 기에 실리든가, 이理가 기에 담기든가, 이理가 기에 걸려 있는 것이 존재의 실상이기 때문이다.

이러한 이기론의 구조는 자연과 인간을 일관한다. 다만 인간의 심성세계를 이기론적으로 설명할 때 약간의 주의가 필요하다. 왜냐하면 인간의 마음, 본성, 감정, 의지 같은 것도 하나의 존재인데, 그것들은 비물질적 존재이기 때문이다. 그러면 마음을 두고 설명해 보자. 마음에도 이理가 있고 기가 있다. 그런데 이理는 형상이 없고 기는 형상이 있다고 했다. 마음 자체가 형상이 없는데 마음의 기를 어떻게 설명할 것인가? 이때 마음의 기가 형상이 있다는 말은 마음이 처한 시간과 공간을 의미하는 말이다. 우리의 마음은 시간과 공간에 따라 변화하고 다르다. 어제의 내 마음이 다르고 오늘의 내 마음이 다르다. 또 집에서의 내 마음과 직장에서의 내 마음이 다르다. 그러나 마음의 이치는 변함이 없다. 이처럼 인간의 심성 세계를 설명함에는 유의할 필요가 있다.

그런데 성리학자들의 존재 유형은 크게 세 가지로 구별해 볼 수 있다. 첫째는 이 세계를 이理의 현현으로 보고자 하는 것인데, 우주 이법이 현실세계로 구현되었다고 보는 일종의 관념론이다. 이 경우도 이理와 함께 기를 말하지만 기는 이理에 종속된 개념으로 약화된다. 우리나라의 경우 조선 후기 한주 이진상寒洲 李震相, 1818~1886이나 노사 기정진蘆沙 奇正鎭, 1798~1876 같은 이가 이에 해당된다고 볼 수 있다. 둘째는 이 세계를 기의 현현으로 보고자 하는 것인데, 기의 운동 변화에 의해 삼라만상의 세계, 만물이 전개되었다고 보는 것이다. 이 경우도 기와 함께 이理를 말하지만 기에 종속된 이理 개념으로 약화된다. 이론이 없는 것은 아니지만, 대체로 조선 초의 화담 서경덕(1489~1546)이 이에 해당한다. 셋째는 이 세계를 이理와 기의 유기적 구조로 설명하는 것인데, 이 경우는 이理 없는 기가 없고 기 없는 이理가 없다. 이때 이理와 기는 상보적이고 상호 의존적이다. 이理와 기 어느 하나만 있어도 하나의 존재는 성립할 수 없다. 대체로 이를 이기이원론理氣二元論이라 하는데, 주자를 비롯해 우리나라의 퇴계, 율곡 등 대부분의 성리학자들이 이 유형에 속한다. 다만 이理를 기보다 더 중시하느냐, 아니면 기를 더 중시하느냐, 또 아니면 이理와 기의 조화와 균형을 강조하느냐에 따라 그 유형은 달라진다. 회재 이언적, 퇴계 이황, 한말의 화서 이항로華西 李恒老, 1792~1868 등이 주리론主理論에 속하고, 고봉 기대승高峰 奇大升, 1527~1572, 율곡 이이 등이 이기조화론에 해당한다. 이러한 분류는 독자의 이해를 돕기 위한 것으로 다소 논란의 소지도 없지 않다.

성리학은 존재론으로서 자연에 대한 존재론과 인간에 대한 존재론을 깊이 있게 성찰한다. 흔히 이 자연존재론을 이기론이라 한다. 이理는 태극이고 기는 음양이라 보기 때문에 이기론은 곧 태극음양론이 되기도 한다.

또한 인간존재론은 심성론 또는 인성론이라 부른다. 인간의 본질, 즉 마음의 세계를 이기론적으로 해명한다. 인간의 심성은 다양하게 설명된다. 마음心, 본성性, 감정情, 의지意志 등여러 가지로 설명되는데, 이에 관해 기초적인 이해를 하기로 하자. 먼저 마음과 본성과 감정과 의지의 상호관계에 대해 살펴보기로 하자. 마음이란 본성, 감정, 의지 등 일체를 포괄하는 개념이기도 하고, 또 본성, 감정, 의지 등을 일반적으로 '마음'이라 부르기도 한다.

마음에도 이理가 있고 기가 있는데, 마음의 이치를 성性이라한다. 다시 말하면 마음의 본체 즉 마음이 아직 드러나지 않은 상태未發를 성이라 하고, 마음이 외물에 감촉되어 다양하게 드러난 상태已發를 정情이라 한다. 또 이 정에서 한 걸음 더 나아가 어떤 가치적 지향성을 갖는 것을 의意라 하고, 그 가치적 지향이 결정된 것을 일러 지志라 한다. 그러나 우리는 흔히 합쳐서 '의지'라고 부른다. 그러므로 마음이란 아직 고요하게 움직이지 아니한 상태에서는 순수한 선으로 이것을 성이라 하고, 성이 일단 외물에 접촉되어 다양한 양태로 마음이 출렁이게 되면 선과 악을 갖게 되는 감정으로 표출되는 것이다. 이 순수한 감정에서 나아가 어떤 가치적 지향성을 가질 때 그것을 의지라고 부른다.

그런데 성리학에서 마음은 인심人心과 도심道心으로 구별된다. 이는 『서경』에서 비롯된 개념인데, 송대 주자가 이에 관해 철학적인 해석을 명쾌하게 하였다. 본래 인간의 마음은 하나인데, 무엇을 목적으로 생긴 마음이냐에 따라 달라진다는 것이다. 즉 도덕적인 욕구로 생긴 마음이 도심이고, 생리적인 욕구로 생긴 마음이 인심이라는 것이다. 예를 들면 불쌍한 사람을 보고 측은한 마음을 갖는 것은 도심이고, 예쁜 여인을 보고 욕정을 갖는 것은 인심이다. 그렇지만 인심이라 하여 무조건 악한 것은 아니다. 인심도 알맞게 절제하면 도심처럼 선한 것이 된다.

그런데 인심이나 도심이나 모두 심이기 때문에 모두 이理와 기로 되어 있다. 이理에 맞게 마음의 기가 발동하면 문제가 없다. 문제는 이理에 벗어나는 마음의 발동이 악이 되는 것이다.

다음은 본성에 대해 검토해 보기로 하자. 성에도 두 가지가 있으니, 하나는 본연지성本然之性이요 또 하나는 기질지성氣質之性이다. 본연지성이란 인간이 하늘로부터 부여받은 본연의 성을 말한다. 그래서 이를 천지지성天地之性 또는 천명지성天命之性이라고도 한다. 천 내지 천지의 본성이 인간의 본성으로 주어진 것이요 내면화된 것이다. 선한 천리가 나의 본성으로 주어진 그 본성이 본연지성이다. 이 본연지성은 이기론에서 보면 기가 배제된 이理만을 의미한다. 그러므로 '성즉리性卽理'라 하는 것인데, 이 성은 조건 없이 선한 것으로 우주 자연, 인간 모두를 포괄하는 보편성이다.

그러나 인간이나 다른 모든 사물존재는 어떤 외형을 갖게 되고 다양한 모습으로 존재한다. 그 이理가 기에 각기 다르게 붙어 있기 때문이다. 특히 인간의 경우 부모로부터 태어나는 순간 형체를 갖고 기질을 갖기 때문에 본연지성은 기질 속에 갇히게 된다. 즉 모든 인간은 태어나면서부터 이理와 기(기질)가 오묘하게 합해진 존재가 되고 만다. 이 기질지성은 이름 그대로 기질 속에 이理가 포함된 성을 말한다. 그러므로 기질지성은 선할 수도 있고 악할 수도 있다. 그리고 기질지성은 실제적인 성이고 현실적인 성이다. 본연지성은 이상적인 성이요 관념적인 성에 불과하다. 실존적 인간에게 있어 진정한 본성이란 기질지성일 뿐이다. 그러므로 주자나 율곡도 본연지성은 성이 아니라 이理라고 불러야 옳다고 한 바 있다.

다음은 감정에 관해 설명해 보기로 하자. 앞에서 언급한 대로 인간의 감정이란 본성이 외물에 따라 움직인 상태를 말한다. 즉 우리가 무엇을 보고 느낀 것이 희노애락의 감정이다.

감정도 이기론적으로 보면 이理와 기의 오묘한 결합으로 생긴 마음의 일종이다. 이 감정도 사단과 칠정으로 구별된다. 사단四端이란『맹자』가 인간의 본성을 선하다고 설명하는 가운데 나온 말이다. 즉 사람은 누구나 남을 불쌍히 여기는 측은한 마음惻隱之心을 가지고 있고, 자신의 잘못을 부끄러워하고 남의 잘못을 미워하는 마음羞惡之心을 가지고 있고, 서로 양보하고 사양하는 마음辭讓之心을 가지고 있으며, 옳고 그름을 분별하는 마음是非之心을 가지고 있다 하였다. 이 네 가지 마음을 사단의 마음이라 하는데, 이것은 인의예지仁義禮智라는 네 가지 본성이 작용한 것으로 일종의 감정이다. 또한 칠정이란『예기』에 언급되는 기쁨喜, 노여움怒, 슬픔哀, 두려움懼, 사랑함愛, 미워함惡, 욕구欲의 감정을 말한다. 문제는 이 사단이라는 감정과 칠정七情이라는 감정이 각기 다른 경전에 근거를 두고 설명된 것이기 때문에 학술적 논쟁이 불가피했던 것이다. 즉 사단과 칠정은 같은 정인가 다른 정인가? 사단의 선과 칠정의 선은 같은가 다른가? 사단과 칠정의 이기론적 구조는 어떻게 설명할 수 있는가? 사단칠정과 인심도심, 본연지성 기질지성과의 관계는 어떻게 보아야 하는가 하는 것 등이 논의의 초점이었다. 이 논쟁은 1559년부터 1566년까지 약 8년여에 걸쳐 퇴계 이황과 고봉 기대승 간에 이루어졌는데, 이후 율곡 이이와 우계 성혼 간에 다시 재논의 되었고, 조선조 수백 년 동안 많은 유학자들에 의해 폭넓은 연구가 이루어졌다. 따라서 이 사단칠정의 문제는 주자도 별로 언급하지 않은 것이며, 중국 성리학에서도 관심 외의 주제였던 것이다. 이것이 조선조 유학사의 중요한 논쟁거리이자 연구의 주제로 등장한 것은 실로 한국유학의 자랑이며 특성이라 할 만하다. 이 밖에도 성리학은 인식의 문제인 지각론, 수양론, 가치론, 경세론을 포함한다. 성리학이 매우 사변적이고 논리적이지만 궁극의 귀일처는 '인간 되어짐'과 '대동大同의 실현'에 있다고 할 때, 성리학이 지나치게 이론과 관념에 치우치는 것은 경계해야 할 것이다.

2
율곡철학의 핵심 화두: 이기지묘理氣之妙

'이기지묘'는 율곡 철학의 핵심적인 화두다. 율곡이 세상을 본 창도 이기지묘이고 그가 실현하고자 한 세상도 이기지묘라고 할 수 있다. 이기지묘라는 말은 율곡의 독창어는 아니다. 이미 중국 당나라 때에도 사용된 흔적이 있고, 조선 초 유학자들의 문헌 속에 간헐적으로 사용되어 왔다. 그러나 이기지묘가 본격적으로 의미 있게 사용되고, 또 주요 철학적 주제로 사용된 것은 율곡에 의해서라고 할 수 있다. 율곡의 저술 속에 이기지묘라는 표현은 7회 정도에 불과하지만, 그는 항상 자주自註를 달아 이곳이 고도의 철학적 사색이 필요한 곳임을 강조하고 있다. 그러므로 율곡은 "이기지묘理氣之妙는 보기도 어렵고 또한 설명하기도 어렵다"고 하였다.

율곡은 이理와 기가 시간적으로 선후가 없고, 공간적으로 이합離合이 없는 오묘한 관계성을 이기지묘라고 언표하였다. 이理와 기는 분명히 서로 다른 이질적 존재다. 이理는 형이상자요 기는 형이하자다. 이理는 형상이 없지만 기는 형상이 있다. 이理는 작용 변화하지 않지만, 기는 작용 변화한다. 이처럼 양자는 분명이 다른 것이다. 그런데 이 이理와 기가 하나의 존재 양상으로 있다. 그러므로 둘이지만 하나로 있고二而一, 하나로 있지만 역시 이理는 이理이고 기는 기로서 둘이다 一而二. 존재상으로 보면 이기는 하나로 있지만, 이를 이론적으로, 개념적으로, 가치적으로 구별해 보면 이理는 이理고 기는 기로서 구별된다. 이처럼 이理와 기가 서로 다름에도 불구하고 하나의 존재로 있는 오묘한 존재의 신비를 율곡은 이기지묘라 부르고, 자신의 총명에도 불구하고 이 이기지묘의 경지는 보기도 어렵고 설명하기도 어렵다고 토로했다. 이는 마치 맹자가 '호연지기浩然之氣'를 설명하면서 '설명하기 어렵다'고 한 것과 비슷하다. 특히 율곡은 당시 퇴계를 비롯한 그 제자들이 이理를 중시하는 관점에서 기를 폄하고, 존재론적으로는 기 없는 이理를 인정한다든지, 이理가 기를 파생했다고 보는 데 대해 심각한 우려를 표명하였다. 그래서 그는 이기는 본래 합해 있는 것이지, 비로소 합한 때가 있는 것이 아니라고 하였다. 만약 이기를 둘로 보고자 하는 사람들은 진리를 제대로 알지 못하는 것이라고 경계하였다.

　이러한 이기지묘는 상보성相補性의 원리를 제공해 준다. 즉 이理 없는 기가 없고, 기 없는 이理가 없다는 율곡의 이 세계관은, 이理와 기의 상보적 역할과 위상을 보여주는 것이다. 온전한 존재는 이理와 기를 함께 요청한다. 이理만으로도 반쪽이고 기만으로도 반쪽이다. 이理 없는 기, 기 없는 이理는 불완전한 존재다. 이理는 기를 통해 보완되고, 기는 이理를 통해 보완된다. 나와 마주 서 있는 너를 싸워 이겨야 할 대상으로 보지 않고, 나의 결핍을 보완해 줄 고마운 동반자로 인식한다. 서로 반대되는 의견이 충돌할 때 싸움이 아니라 내 의견의 부족함을 보완해 주는 시각에서 상대를 이해하는 것이다. 율곡의 이러한 상보적 인식은 원효의 화쟁和諍사상과도 상통하고, 『주역』의 음양陰陽사상과도 상통한다. 오늘날 우리 사회의 극단적인 대립과 갈등 구조는 상대를 적으로 보는 데 있다. 나만 옳고 상대는 그르다고 본다. 싸움은 그칠 날이 없고, 곳곳이 싸움터다. 나 홀로서는 부족하다는 자기 겸손, 타자를 용납하는 데서 공존상생이 가능하고 사랑과 평화의 질서가 열린다.

　또한 율곡의 이기지묘는 학문하는 데 있어 균형 잡힌 사고를 가르쳐 준다. 즉 존재를 하나로 보기도 하고 둘로 보기도 하는 데서 종합적 사유와 분석적 사유를 아울러 볼 수 있다. 우리가 산을 제대로 보기 위해서는 전체를 보기도 해야 하고, 또 계곡마다, 봉우리마다 구석구석을 살피기도 해야 한다. 합해 보기도 하고 나누어 보기도 하는 데서 진리는 밝게 드러난다. 분석적 사유와 종합적 사유를 아울러 하는 입체적 사유에서 균형 잡힌 사유를 볼 수 있다.

또한 이기지묘는 가치적 조화를 의미한다. 이기理氣는 본래 존재를 설명하는 용어지만, 이를 가치개념으로 적용해 볼 수 있다. 이理를 이론이라 하면 기氣는 실천이다. 이理를 이상이라 하면 기는 현실이다. 이理를 윤리 도덕이라 한다면 기는 경제를 말한다. 이理를 정신적 가치라고 한다면 기는 물질적 가치를 말한다. 이렇게 볼 때, 이기지묘는 정신적 가치와 물질적 가치의 조화를 의미한다. 또 이기지묘는 현실과 이상의 조화, 이론과 실천의 조화를 의미한다. 그리고 윤리와 경제의 조화를 의미한다. 우리는 자칫 어느 하나의 가치에 편향될 우려가 높다. 이는 편식이요 편견이다. 율곡은 인간을 말하지만, 하늘(신)을 망각하지 않는다. 율곡은 윤리도덕에 매몰되지 않고

의식주의 민생을 걱정한다. 율곡은 이상을 추구하되 현실을 떠나지 아니한다. 여기에 율곡철학의 장점이 있고 현대적 의미가 있다. 퇴계가 이理를 절대화하고 신성시하면서 기를 부정적으로 간주했을 때, 율곡은 기도 이理만큼 중요하다고 말한다. 그리하여 기를 적극적으로 긍정하고 기의 역할과 위상을 새롭게 정립한다. 퇴계는 기를 보기를 마치 어린아이가 칼을 쥐고 노는 것을 바라다보며 위험시하고 경계하는 것이었다면, 율곡은 이 기의 현실성과 변화성을 심성의 변화와 사회개혁의 동력으로 인정하였다. 그러므로 율곡철학은 성리학을 체로 하고 경세적 실학을 용으로 삼는 것이며, 그의 삶 자체도 철학자의 삶과 정치가로서의 삶을 병행했던 것이다. 율곡의 학문도 이기지묘의 학이었고, 그의 삶도 이기지묘의 생애였던 것이다.

3
퇴계의 '이기호발설理氣互發說'에 대해
'기발이승일도설氣發理乘一途說'

율곡철학에 있어 또 하나의 중요한 화두가 '기발이승氣發理乘'이다. 기발이승이란 '기氣가 발함에 이理가 탄다'는 말로, 율곡이 퇴계의 말을 차용해 자기 것으로 삼았다고 볼 수 있다. 퇴계는 인간의 감정을 이기론적으로 두 가지 형식으로 설명하였다. 하나는 사단四端으로 『맹자』가 말한 불쌍히 여기는 측은한 마음(측은지심惻隱之心), 나의 잘못을 부끄럽게 여기고 남의 잘못을 미워하는 마음(수오지심羞惡之心), 양보하는 마음(사양지심辭讓之心), 옳고 그름을 분별하는 마음(시비지심是非之心)을 의미한다. 이 사단의 마음은 맹자가 인간의 본성은 착하다고 말하면서 그 실제적인 예로 든 것이다. 송대 성리학자들은 이 사단의 마음을 사단의 감정이라고 해석하였다. 그런데 퇴계는 이 사단의 감정을 이기론적으로 '이理가 발함에 기氣가 따르는 것(이발이기수지理發而氣隨之)'이라고 설명하였다. 즉 우리 마음속에서 도덕적인 이理가 발동함에 기가 그것을 그대로 좇는 경우라고 보았다. 도덕이성의 발로로서 감성이나 욕구가 거기에 전혀 영향을 못 미치는 도덕적 특수감정을 의미하는 말이다. 따라서 사단의 감정은 순수한 선이다.

이에 대해 칠정七情은 『예기』에 나오는 기쁨, 성냄, 슬픔, 두려움, 사랑함, 미워함, 욕구함(희喜, 노怒, 애哀, 구懼, 애愛, 오惡, 욕欲)으로 일곱 가지의 일반적인 감정을 말한다. 퇴계는 이 칠정을 이기론적으로 '기가 발함에 이理가 탄 것(기발이이승氣發而理乘)이라고 설명하였다. 즉 우리 마음속에서 감성이나 신체적인 욕구에서 기가 발동함에 이理가 그 위에 타고 있는 경우라고 표현하였다. 따라서 이 경우에는 기의 발용이 이理의 주재에 맞는 경우도 있고 맞지 않는 경우도 있게 된다. 감성이나 욕구 욕망의 발출이 도덕적 이성의 통제에 따를 경우와 이에 반하는 경우가 있게 된다는 것이다. 여기에서 선악의 두 가지 가능성이 예상된다.

이와 같이 퇴계는 사단의 감정을 '이理가 발함에 기가 따르는 것理發氣隨', 칠정을 '기가 발함에 이理가 탄 것氣發理乘'으로 나누어 보았다. 여기에서 퇴계는 사단과 칠정이 같은 감정이지만, 그 존재론적 형식은 다르다 하여 구별하고 있음을 알 수 있다. 사실 이는 사단이라는 도덕적 특수감정과 칠정이라는 일반감정을 결코 혼동해서는 안 된다는 퇴계의 윤리적 가치관을 전제로 구성된 존재형식이다. 이 두 가지 감정을 표현한 퇴계의 존재형식 가운데 하나인 '기발이승'을 차용하여 율곡은 자기 철학으로 삼았다. 율곡은 퇴계가 사단을 표현한 '이발기수理發氣隨'는 문제가 있고, 칠정을 표현한 '기발이승'은 옳다고 평가하였다. 율곡은 사단이나 칠정이나 같은 감정이고, 그 존재의 형식은 모두가 기가 발함에 이理가 탄 '기발이승'일 뿐이라고 하였다. 특히 그가 퇴계의 이발이기수지理發而氣隨之를 비판하는 것은, 이理는 형이상자로서 발할 수 없으며, 또 '이理가 발함에 기가 따른다'는 표현은 이理가 먼저고 기가 나중이라는 시간적 선후를 인정하는 것이 되어 표현이 적절치 못하다고 보았기 때문이다.

율곡에 있어 기발이승은 앞서 이기지묘理氣之妙의 구체적 표현이다. 즉 이기가 오묘하게 합해 있는 존재의 모습을 '기가 발함에 이理가 올라타 있는 것'으로 표현한 셈이다. 이때 발하는 기와 타 있는 이理는 동시적이고 공간적으로 함께 있다는 것이다. 다만 기는 언제 어디서나 작용하고 변화한다. 그 위에 얹혀 있는 이理는 그 자체는 작용하거나 변화하지 않지만, 기의 운동변화를 주재한다. 그러므로 사물존재나 인간의 심성세계나 본래 이理의 본래성대로 기가 실현해야 하지만, 혹 그렇지 못한 경우도 생긴다. 밤이 가을에 여물어 알밤을 드러내야 하지만, 혹 쭉정이인 경우도 있고, 인간의 마음도 감성과 욕구가 제멋대로 작용하여 실수를 하거나 비난의 대상이 되는 경우가 있다.

율곡에 의하면 이 세상 모든 존재는 기발이승의 존재다. 하늘도 땅도 인간도 사물도 기발이승의 존재다. 퇴계처럼 '이발기수'와 '기발이승'의 두 가지 길이 있는 것이 아니다. 여기에서 율곡이 '발하는 것은 오직 기뿐이라'는 선언은 매우 중요한 의미를 갖는다. 이는 일체 존재가 현실에 기반해 있고, 항상 활활발발하게 생동하는 현실태임을 말해 주는 것이다. 기를 떠난 이理의 세계를 인정하지 않는다는 말이다. 어떠한 이념도 현실에 기반해야 하고, 어떠한 이론도 실천성을 가질 때 온전하다는 말이다. 여기에는 인간과 세계를 동적動的, 진보적으로 보는 그의 세계관이 자리해 있다. 그리고 그 기의 역동성과 가변성이 자칫 원칙 내지 본래성에서 일탈할 위험성을 지니고 있지만, 이理와의 공존 속에서 일탈의 경계선을 오고 간다고 보는 것이다. 이것이 인간의 현실적 모습이고, 역사의 진정한 모습이라는 것이다. 이러한 율곡의 기발이승의 철학은 완성된 이념, 온전한 선을 향해 인간은 오로지 묵묵히 올라가야 한다는 퇴계의 철학과는 대조적이다. 율곡의 기발이승은 어디까지나 두 발을 땅에 딛고 하늘을 향해 묵묵히 걸어가는 인간을 의미한다. 감성과 욕구가 발동하지만, 도덕 이성과의 끊임없는 교감과 상호 줄다리기가 계속된다. 이상을 추구하지만 현실을 떠나지 않는다. 양자의 조화와 균형은 기발이승의 성공을 위한 관건이지만, 때론 부조화와 일방적 전횡으로 실패할 경우도 생긴다. 여기에서 율곡의 철학은 이理로 하여금 기를 어떻게 조정하고 다스리느냐가 중요하게 된다.

4
율곡만의 독창: 이통기국理通氣局

율곡은 이理와 기가 오묘하게 합해 있는 존재의 실상을 '이통기국'이라고도 표현하였다. 이통기국은 이기지묘의 다른 표현이며, 기발이승과 더불어 율곡철학의 중심적인 화두다. 율곡의 이통기국은 이理의 보편성과 기의 특수성, 이理의 통일성과 기의 특수성을 이기지묘의 관점에서 표현한 것이다. 이理는 형이상자로서 형상이 없다. 모양도 없고 냄새도 없고 색도 없다. 따라서 우리의 감각적 경험의 대상이 아니다. 그러므로 이理는 시간과 공간에 구애되지 않는다. 언제 어디서나 이理는 항상 자기 본래성을 유지한다. 이理는 변함이 없다. 이理는 믿을 만하다. 시간에 따라 다르고 공간에 따라 다르다면 이理가 아니다. 이理는 본래 하나다. 그러나 그 이理가 어떤 기에 담기느냐에 따라 이理도 제약을 받는다. 그래서 이理는 하나지만 그것이 나뉘어지면 각기 다르다. 이를 성리학에서는 이일분수理一分殊라고 말한다. 하늘, 땅, 사람, 동물, 식물,

사물이 비록 각각 그 이치가 있더라도, 천지의 이치가 곧 만물의 이치고 만물의 이치가 곧 사람의 이치다. 이를 '통체統體의 한 태극'이라고 한다. 그렇지만 하나의 이치라고 하더라도 사람의 성이 물건의 성이 아니며, 개의 성이 소의 성이 아니다. 이를 일러 '각각 하나인 성'이라 한다. 이와 같이 이치는 통틀어 보면 모두 하나로 같지만, 나누어 보면 각기 하나의 이치를 말할 수 있다. 이는 이理를 중심으로 본체와 운용의 양 측면을 하나로 보는 관점이다.

다시 말하면 이理는 비록 하나지만, 이미 기를 타게 되면 그 나뉨이 만 가지로 다르게 되므로, 천지에 있어서는 천지의 이理가 되고, 만물에 있어서는 만물의 이理가 되며, 우리 사람에 있어서는 사람의 이理가 되는 것이다. 그러므로 이처럼 천태만상으로 다른 것은 어디까지나 기 때문이다. 모나고 둥근 그릇이 같지 않지만, 그릇 가운데의 물은 하나다. 크고 작은 병은 같지 않지만, 그릇 가운데의 공기는 하나다. 이처럼 병의 크기가 다르고 그릇의 모양이 다른 것은 기의 국한됨이지만, 그릇속의 물이 모두 같고 병 속의 공기가 모두 같은 것은 이理의 통함 때문이다. 그렇지만 그릇과 물, 병과 공기는 결코 떨어져 있는 것이 아니다. 이理와 기는 잠시도 떨어져 있을 수 없다.

또한 기氣는 형이하자로서 형상이 있다. 즉 시간과 공간에 따라 제약을 받는다. 이理가 우리에게 구체적 모습을 드러내는 것은 기로 인해서다. 비록 무형의 존재인 우리의 마음이나 감정도 기로 인해 구체화된다. 즉 사람에 따라 마음이 다르고, 시간과 공간에 따라 마음이나 감정의 상태가 다른 것은 기 때문이다. 본체상의 기도 본래는 하나라고 말할 수 있다. 기의 본 바탕은 이理가 선하듯이 맑고 깨끗하다. 그러나 그 기는 시간과 공간에 따라 변화 작용하므로 다양한 모습으로 드러난다. 합해서 말하면 천지 만물이 똑같은 하나의 기다. 나누어서 말하면 천지만물이 각각 하나의 기를 가지고 있다. 다시 말하면 하나의 기가 운동 변화하여 흩어지면 만 가지로 다르게 된다. 나누어 말하면 천지만물이 각각 하나의 기지만, 합해서 말하면 천지만물이 똑같은 하나의 기다. 이와 같이 기를 중심으로 본체와 운용의 양면을 하나로 보는 것을 '기일분수氣一分殊'라고 한다.

율곡의 이통기국은 그의 말대로 독창적 성격이 짙다. 물론 그 사상 내용면에서 보면 주자가 힌트를 제공한 흔적도 있고 (이동理同, 기이氣異, 이통理通, 이색理塞 등), 불교 화엄華嚴에서의 '이 사理事'와 '통국通局'에서 유래되었다고도 하지만, '이통기국'이 라는 말 자체는 율곡의 독창임이 분명하다. 이통기국은 이기 지묘와 체용일원體用一源의 통일적 표현이다. 이理에도 본체와 현상이 있고, 기에도 본체와 현상이 있다. 본체와 현상은 결 코 떨어질 수 없다. 그 근본이 하나다. 그리고 이理와 기도 또 한 결코 떨어질 수 없다. 이와 같이 이理와 기의 유기적 관계 와 체와 용의 유기적 관계를 아울러 표현한 것이 율곡의 이통 기국이다.

이제 이통기국의 현대적 의미에 관해 생각해 보기로 하자. 우리는 오늘날 글로벌시대에 살고 있다. 언어, 상품, 문화, 기 술 등 모든 분야가 세계적으로 소통되고 있다. 전통시대처럼 한 동네, 한 지역, 한 나라에 갇혀 있는 시대가 아니다. 인터넷 을 통해 전 세계가 문화를 공유한다. 또 쉴 새 없이 폭주하는 수많은 정보들을 세계인이 공유하고 있다. 상품도 나라와 나 라의 경계가 없이 서로 주고받는다. 우리는 한국인이지만 세 계를 알아야 하고 세계와 소통해야 한다. 율곡이 말하는 소위 이통理通의 가치가 바로 이것이다. 그러나 우린 또 한국인이다. 한국의 고유한 전통과 문화를 가지고 있다. 우리 음식과 우리 언어를 가지고 있다. 우리 것을 지키고 사랑하고 아껴야한다. 이것이 소위 율곡의 기국氣局이다. 즉 세계적인 보편성과 전통적인 특수성이다. 율곡은 이 양자가 어느 하나로 편집偏執되어서는 안 된다고 본다. 보편성을 생각하면서 특수성도 망각해서는 안 된다. 진정한 세계화란 우리 것의 세계화라고할 수 있다. 최근의 한류열풍이 그것이다. 우리 것이 세계인의 보편적인 문화로 자리 잡는 것이다. 이것이 율곡이 말하는 이통기국의 진정한 의미요 실현이다.

예의문화도 마찬가지다. 예의의 근본정신 즉 인간존중이라는 것은 시간과 공간을 떠나 누구나 중시해야 할 보편적 가치다. 그런데 그 방법은 나라와 시대에 따라 변화하고 다르다. 인간존중이라는 예의 근본정신을 바탕으로 서로 다른 나라의 전통적인 예의문화를 이해하고 존중하는 것이 이통기국의 정신이다. 성리학이 역사의 골동품이 되고 말면 아무 의미가 없다. 이 시대에 살아 움직이는 정신이 되고 교훈이 되어야 한다.

5

자연과 인간은 하나: 천인합일天人合一

　동양철학 자체가 우주 자연과 인간을 유기적으로 보고, 또 인간존재의 근거를 자연에서 찾아 온 전통이 있다. 특히 유학은 이러한 전통을 분명하게 지켜왔다. 인간은 자연이라는 환경에서 태어나서 살다가 죽는다. 자연은 인간의 품이면서 삶의 보금자리다. 자연은 인간 생명의 고귀한 터전이다. 그러므로 인간은 자연을 경외하고 때론 두려워하고 숭배해 왔다. 여기서 인간은 자연을 의인화擬人化하고 신격화神格化하면서 종교적인 관계를 설정하게 되었다. 물론 순자荀子 같은 이는 일찍이 인간과 자연은 전혀 무관한 관계로 피차 영향을 미치지 않는다고 선언한 바 있다. 적어도 16세기 율곡시대만 해도 천재지변을 변고로 규정하고, 하늘이 인간을 향한 경고라고 두려워했던 점을 고려하면 순자의 생각은 매우 선구적이라 할 만하다.

　인간과 자연의 관계는 없으면서도 있다고 할 수 있다. 순자처럼 없다고 보면 자연은 그저 하늘이고 별이고 땅일 뿐이다. 하늘이 인간에게 복을 주고 화를 줄 리가 없다고 보는 것이다.

그러나 인간과 자연을 유기적으로 보면 종교적 관계, 상보적 관계가 가능하다. 즉 인간은 자연으로부터 태어났고 인간의 본원이 자연이며, 이를 좀 더 극단화시키면 인간은 하느님의 창조물이라는 등식이 가능하다. 그러므로 인간과 자연의 관계는 가까우면서도 멀고 멀면서도 가까운 관계, 하나이면서 둘이요 둘이면서 하나—而二 二而—인 관계가 필요하다.

율곡은 '천지만물이 본래 나와 한 몸'이라 하였다. "내 마음이 바르면 천지의 마음 또한 바르고, 나의 기가 순하면 천지의 기 또한 순하다"고 하였다. 인간 주체적 입장에서 인간과 자연의 유기적 관계를 말하고 있다.

또 '천지는 사람의 형체요 사람은 천지의 마음'이라 하고, "천인天人이 한 이치이므로 감응이 틀리지 않는다"고 하였다. 인간과 자연은 외형에서 같을 뿐 아니라 내면의 마음까지도 같다고 하였다. 이때 자연은 인간처럼 의인화되어 설명된다.

율곡은 자신의 기발이승일도설氣發理乘一途說을 확신하면서 다음과 같이 말한다. "천지의 변화가 곧 내 마음의 변화다. 천지의 변화에 만약 이화理化, 기화氣化의 구별이 있다면, 내 마음 또한 이발理發, 기발氣發의 두 길이 있게 될 것이다. 천지에 이미 이화, 기화의 다름이 없으니, 내 마음에 어찌 이발, 기발의 다름이 있겠는가? 만약 내 마음이 천지의 변화와 다르다고 말한다면 내가 알 바 아니다"라고 하였다. 그리고 괄호 속에 부연해 설명하기를 "이곳이야말로 가장 깨달아야 할 곳으로, 여기에 의견의 일치를 못 본다면 아마도 하나로 귀일하기를 기대하기 어려울 것이다"라고 하였다.

　퇴계는 사단, 칠정의 감정을 설명하면서, 사단은 '이理가 발함에 기가 따르는 것理發而氣隨之', 칠정은 '기가 발함에 이理가 타는 것氣發而理乘之'으로 구별해 설명한 바 있다. 이에 대해 율곡은 퇴계가 사단과 칠정을 나누어 둘로 구별하고, 또 사단을 이理가 발함에 기가 따르는 것이라고 설명한 것을 비판하였다. 율곡에 의하면, 사단이나 칠정은 모두 똑같은 인간의 감정으로 기가 발함에 이理가 탄 구조라는 것이다. 다만 그 칠정 가운데 선한 감정만을 가리켜 사단이라 부르는 것이라 하였다. 퇴계는 우리 마음속에서부터 사단은 이理가 근본이 되어 드러난 감정이고, 칠정은 기가 근본이 되어 드러난 감정이라

고 구별한다. 그러므로 퇴계의 사단칠정설은 이기호발설理氣
互發說이 된다. 즉 이理도 발하고 기도 발한다는 의미다. 율곡
의 입장에서 보면 기가 발한다는 것은 당연하지만, 이理가 발
한다는 말은 결코 인정할 수 없다. 이理는 형이상자이고 기는
형이하자이다. 이理는 언제 어디서나 변함이 없고 그 스스로
운동하거나 작용하는 것이 아니다.

그런데 퇴계의 이발理發은 인간의 심성에 한정해 표현한 것
으로 보는데, 이렇게 되면 우주 자연에서는 기발氣發만 가능하
고, 인간의 심성세계에서는 이발, 기발이 모두 가능하다는 말
이 되니, 천인합일에도 어긋나는 것이다. 만약 퇴계가 이런 의
도였다면 이발과 기발의 표현을 달리 구별했어야 옳다. 퇴계
의 '이발'의 발發이 실제적인 운동 작용의 의미가 아니고, 기발
의 주재가 되고 표준이 되는 논리적 의미라면, 율곡의 이발 해
석과도 차이가 없는 것이다. 또 문제는 퇴계의 이발과 이理의
절대성, 창조성 그리고 이도설理到說과 맞물려 종합적으로 해
석하지 않을 수 없는 문제를 안고 있는 것이다. 이 퇴계의 '이
발理發'문제는 오늘날까지도 해결되지 아니한 미완의 과제라
고 볼 수 있다. 하여튼 퇴계가 말한 이발의 본래 의미와 율곡

의 해석은 분명 차이가 있다. 위에서 율곡이 지적했듯이, 자연의 세계에서도 이理는 변하지 않고 기만 변화하듯이, 인간의 심성세계도 이理는 변함이 없고 기만 변화한다는 것이 율곡의 일관된 신념이요 학설이다. 그래서 율곡은 "발하는 것은 기요 발하게 하는 것은 이理이므로, 기가 아니면 발할 수 없고 이理가 아니면 기의 발 자체가 불가하다"고 하였다. 그리고 괄호 속에 부연해 말하기를, "이 23글자는 공자 같은 성인이 다시 나와 네 말이 틀렸다고 해도 바꿀 수 없다"고 단언하였던 것이다.

그런데 율곡은 당시 잦은 천재지변에 대해 임금의 반성과 진실한 대응을 요구하는 상소를 많이 올렸다.

사람은 천지의 마음이다. 임금이 능히 훌륭한 정치를 행하여 화기和氣가 위에 감응되면 아름다운 상서祥瑞가 이르고, 도리에 어긋나는 행위를 많이 하여 괴이한 기운이 위에 감응되면 자연재해가 일어나는데 어찌 하늘의 마음이랴. 모두 사람이 부른 것이다. 다만 그 사이에 정상적인 경우도 있고 비정상적인 경우도 있는데, 선에는 상서가 이르고 악에는 재앙이 이르는 것은 이理의 떳떳함이요, 선에도 상서를 보지 못하거나 악에도 재앙을 보지 않는 것은 수數의 변고이다. 성현의 임금이 재앙으로 인해 자기 몸을 닦고 반성하면 재앙이 변해 상서가 되고, 용렬하고 어두운 임금이 재앙이 오지 않는다고 묵은 습관에 안일하게 젖어 있으면 도리어 재앙을 초래하게 되는데, 이것은 필연의 세이다. _『栗谷全書』, 卷15, 「聖學輯要7」

이러한 율곡의 인간과 자연에 대한 인식은 전형적인 유교적 해석이다. 즉 인간의 화복禍福과 자연의 화복이 밀접히 연관되어 있다는 말이다. 임금이 정치를 잘하면 하늘이 인간에게 복을 주고, 정치를 잘못하면 하늘이 인간에게 재앙을 준다는 것이다. 이러한 율곡의 인식은 분명 과학에 대한 무지의 소산이라 아니 할 수 없다. 묵자는 천이 의지를 가지고 있다고 했지만, 천의 의지가 인간에게 화복을 준다고 믿는 것은 종교적 인식일지언정 과학적인 이해는 아니다.

다만 율곡은 존재론에서나 가치론에서 일관되게 천인합일 天人合一, 즉 인간과 자연을 떼려야 뗄 수 없는 유기적 관계로 본 것은 분명하다. 인간은 천지의 자식으로 태어난 존재다. 사람의 이理와 기가 천지의 이理와 기에 근원한다. 천성이 인성으로 내재화되고 내면화되었다고 본다. 그리고 인간이 살아가야 할 도리도 천지의 질서에 맞아야 한다고 본다. 천리에 맞는 인간의 행위, 천도에 맞는 인간의 삶이 우리가 가야 할 인도요 도리라는 것이다. 따라서 천도와 인도, 자연과 인간이 하나로 합일된 이상을 성인이라 불렀다. 율곡에 의하면, 성인은 지극히 통하고 바르고 맑고 순수한 기를 얻어 천지와 더불어 그 덕을 합했으므로, 성인은 정해진 성이 있어 변함이 없다는 것이다. 따라서 천지는 성인의 표준이 되고, 성인은 중인의 표준이 된다. 그러므로 성인의 덕은 천과 더불어 하나가 되므로, 신묘하여 헤아리기 어려운 것이고, 힘쓰지 않아도 꼭 맞고, 생각지 않아도 얻어지며, 노력하지 않고도 모두가 법도에 맞으며, 동작이 모두 예에 맞아, 이른바 공자의 "마음이 하고자 하는 바를 좇아서 해도 법도에 어긋나지 않는다"는 경지에 이르는 것이라 하였다.

자연과 일치하는 인간의 삶, 자연의 질서에 맞는 인간의 삶을 추구했다는 점에서 보면 유가와 도가가 그리 먼 것이 아니다. 문제는 인간을 자연 속에서 어떻게 자리매김하느냐 하는 데 있다.

6
율곡의 전인적 인간 이해

철학에서 인간을 어떻게 보느냐 하는 문제는 중요하다. 신과 인간 그리고 자연과의 관계에서 인간의 위치, 역할을 어떻게 자리매김할 것인가의 문제다. 율곡은 인간이 천지자연의 소산임을 분명히 한다. 그는 송대 장횡거張橫渠의 말을 인용하여 '인간은 천지의 이理를 받아 성性을 삼고 기氣를 나누어 가져 형形을 삼았다'고 하였다. 인간이란 성性과 형形의 묘합체인데, 성이 형 속에 갖추어져 인간존재로 이루어졌다는 것이다. 달리 말하면 인간은 천지의 이기理氣를 부여받은 자로서 천지의 자식이 되는 셈이다. 이런 관점에서 율곡은 앞서 말했듯이, 인간은 기발이승의 존재요 이통기국의 존재요 이기지묘의 존재라고 본다.

또 율곡은 인간을 심신일체의 존재로 설명하기도 한다. '마음은 몸의 주인이 되고, 몸은 마음의 그릇'이라 하여, 인간은 몸과 마음이 상호 유기적으로 의존해 있는 일체의 존재라 하였다. 이러한 율곡의 인간 이해는 그만의 특이한 것은 아니고, 동서양 철학자들의 보편적인 견해라 할 수 있다.

율곡의 인간에 대한 이해는 한마디로 '전인적 인간관'이라 할 수 있다. 인간의 마음 내지 정신이란 다양한 요소로 구성되어 있다. 인간이 몸과 마음을 지닌 심신일체心身一體의 존재요 영육쌍전靈肉雙全의 존재라 할 때, 마음의 부분에 총명한 지성이 있고 거룩한 덕성이 있다. 또 몸의 영역에는 아름다운 감성이 있고 끝없는 욕구욕망이 있다. 이러한 지성, 덕성, 감성, 욕망이 인간 속에 하나로 자리한다. 지성은 인류가 끊임없이 발전해 온 원동력이다. 도구를 만들고 첨단 과학기기를 개발해 온 원천이 바로 지성이다. 달나라를 가고 우주를 향해 끊임없이 도전하는 것도 지성의 힘이요, 첨단 컴퓨터의 개발, 스마트폰의 진화, 생명과학의 경이도 지성의 힘이다. 또 인류가 이 지구촌에 존재하면서 서로 협력하고 더불어 살아가는 것은 인간의 도덕적 양심이 있기 때문이다. 이 덕성은 인류의 미래를 담지해 주는 원천이며, 또 인류가 다른 동물들과 차별화되는 결정적 조건이다. 감성은 인간이 멋스러울 수 있는 본성이다. 희로애락의 감정은 인간을 인간답게 하고 인간미를 제공하는 요소다. 욕구욕망은 자칫 타락과 방종, 그리고 죄악의 원인이 되기도 하지만, 이 욕망은 인간 삶의 원동력이요 활력이다. 우리에게 이 욕망이 없다면 인간은 죽은 목숨이다. 무엇을 바라고 욕구하는 간절한 소망이 있기에 우린 어떤 어려움과 고통도 감내할 수 있다. 철학자마다 인간에 대한 이해는 다르다. 예컨대 퇴계는 인간을 도덕적 존재 내지 지적 존재로 보는 데 대해 율곡은 전인적 존재로 본다.

그는 사단칠정에 대한 이해에서도 인간의 감정을 칠정으로 보고 그 속에 선한 감정이 사단이라고 보았다. 그러므로 칠정이라도 그것이 절도에 맞는 것이라면 사단의 감정과 다를 바 없다고 보았다. 여기서 사단이란 마음속 깊이 도덕적 이성에 기초한 감정이라면, 칠정은 기에 근거한 일반적인 감정을 의미한다. 사단의 선과 칠정의 선을 차별화하지 않고 같은 척도에서 보아 온 것이 율곡이다.

또한 본성에 대한 이론에서도 마찬가지다. 율곡은 인간의 본성이란 기질지성氣質之性으로 대표된다고 말한다. 기질지성이란 기질 속에 본연의 선한 본성을 품은 것을 말한다. 즉 이기론적으로 설명하면 이理와 기(기질)가 합해 있는 본성이 기질지성이다. 왜냐하면 인간은 엄마 배 속에서 태어나자마자 형체를 갖고 기질을 갖는다. 기질을 떠나 인간을 말하는 것은 관념이다. 그러므로 율곡은 주자의 견해를 따라 소위 본연지성本然之性이란 이理만을 말하는 것으로 성性이 아니라 하였다. 본연지성, 천지지성이라 말하지만, 사실은 성性이 아니라 이理라고 보는 것이다. 그리고 기질을 배제한 성이란 관념적인 것이고 이상적인 것이지 현실적인 성은 아니기 때문이다.

율곡은 또 마음에 대한 이해에서도 도덕적인 도심道心과 일반적인 인심人心의 상호 가변성을 인정하여 도심 우위의 입장과 차별화하고 있다. 그는 마음을 의지가 담긴 것으로 보아, 처음에는 인심으로 출발했어도 노력하면 도심으로 끝날 수 있고, 반대로 처음에는 도심으로 시작했어도 잘못하면 인심으로 떨어질 수 있다 하였다. 이러한 율곡의 마음에 대한 이해에서도 전인적 인간관을 엿볼 수 있다. 이러한 율곡의 인간관은 유가철학이 인仁을 인간성으로 이해하는 것과 같은 맥락이다. '인'이란 여러 가지로 해석할 수 있지만, 전인적 인성을 의미하는 말이다. 유교를 엄숙한 도덕주의나 무미건조한 주지주의 철학으로 보는 것은 유교에 대한 오해이거나 편견이다. 율곡의 인간관이 보여주는 균형 잡힌 시각은 현대의 불구를 치유하는 하나의 대안이 될 것이다.

7
율곡의 정신건강 해법

유학은 개인적으로는 자기 수양을 통해 군자가 되는 데 있고, 또 나아가서는 정치적으로 사회적으로 왕도王道를 실현하고 대동大同의 이념을 구현하는 데 목적이 있다.『대학』에서는 임금으로부터 일반 서민에 이르기까지 모두 수신으로 근본을 삼아야 하고, 제왕의 학문은 수기보다 먼저 할 것이 없다 하였다. 이만큼 수기 내지 수신은 만사의 근본이 된다. 수기, 수신이란 자기관리를 말한다. 몸과 마음이 건강한 인간 주체의 확립을 말한다. 내가 한 가정의 가장이 되고, 사회의 성원이 되고, 한 나라의 지도자가 되기 위해서는, 먼저 자신이 건전한 사람이 되어야 한다. 오늘날 현대인의 병폐는 자기 자신에 대한 불성실이다.

　율곡은 인간을 변화 가능의 존재로 인식하였다. 천지는 기
氣의 지극히 바르고 통한 것을 얻었으므로 정해진 본성이 있
어 변함이 없고, 만물은 기의 치우치고 막힌 것을 얻었으므
로 정해진 본성이 있어 변함이 없다. 따라서 천지만물은 다시
닦고 행할 방법이 없고, 오직 사람만이 기의 바르고 통한 것
을 얻었는데, 맑고 흐리고 순수하고 잡박한 것이 만 가지로 달
라 천지의 순일純—함과는 같지 못하다. 다만 그 마음됨이 허
령통철虛靈洞徹하여 온갖 이치가 갖추어져 있으므로, 흐린 것
은 맑게 변할 수 있고 잡박한 것은 순수하게 변할 수 있다. 그
러므로 수양의 공부는 홀로 '사람'에게만 있으며, 그 수양의 극
치는 천지가 각각 제자리에 있게 하고, 만물이 잘 육성되게 한
후에야 사람의 할 일을 다했다고 할 수 있다고 하였다. 이처
럼 동물은 기가 치우치고 식물은 막힌 것과는 달리, 인간은 그
기의 바름과 통함을 얻었고 또 마음이 신령하고 총명하여 온
갖 이치를 갖추고 있기 때문에, 변화의 가능성이 주어졌다고
보는 것이다. 그는 또 『격몽요결擊蒙要訣』에서 대개 성인과 중
인은 그 본성이 하나로 같다 하고, 비록 기질이 맑고 흐리고

순수하고 잡박한 차이가 없지 않으나, 진실로 참으로 알고 실천하여 그 낡은 버릇을 버리고, 그 본성을 회복하면 털끝만큼도 보태지 않고 온갖 선이 모두 만족해질 것이니, 중인도 어찌 스스로 성인을 기약하지 않을 수 있겠느냐 하였다. 율곡은 맹자의 성선관에 입각해서 인간의 본질에 대해 긍정적 신념을 갖는다. 누구나 도덕 가능의 존재임을 확신하면서 그런 점에서 성인과 중인이 평등하다고 믿는다. 다만 기질의 차이로 인해 본성이 온전히 드러날 수 없다고 본다. 따라서 기의 변화를 통해 본성이 온전하게 드러날 수 있게 하는 것이 중요하다.

그러면 수기의 목표는 무엇일까? 그것은 바로 성인이 되고 군자가 되는 데 있다. 율곡은 『격몽요결』에서 "처음 배우는 사람은 먼저 모름지기 뜻을 세우고 반드시 성인이 되기를 스스로 기약해야 한다" 하였다. 또 「동호문답東湖問答」에서는 "임금이 진실로 이 뜻을 세웠다면 성인으로서 표준을 삼고, 성인으로 표준을 삼아서 반드시 배운 후에 삼대의 정치가 회복될 수 있다" 하였다. 이처럼 율곡은 도처에서 학문의 목표, 수기의 목표가 성인이 되는 데 있음을 분명히 하였다.

그러면 인간의 마음공부는 어떤 내용을 담고 있는가? 그는

「진시폐소陳時弊疏」에서 "옛날의 정치를 논하는 이는 반드시 격물치지格物致知 성의정심誠意正心으로 근본을 삼았다" 하고, "격물치지를 하지 않으면 지혜가 이치에 밝지 못하고, 성의정심을 하지 않으면 마음이 이치를 따르지 못한다" 하였다. 율곡의 수기론에 있어서 수기의 내용은 『대학』의 격물치지와 성의정심을 의미하는데, 이는 지행知行의 문제로 귀결된다. 적어도 유학에서의 학문이나 교육은 지행을 모두 포함하는 개념이고, 수기의 경우도 지행을 포함하는 데 특징이 있다. 유학에서의 학문이나 수양은 단순히 지적 탐구나 지식의 연마에 머물지 않고, 실천적인 체득의 경지까지 포함하는 데서 유학의 특징이 보인다.

그러면 수기의 방법은 무엇인가? 율곡은 자신의 여러 글 속에서 다양한 설명을 하고 있는데, 입지立志, 성의정심誠意正心, 교기질矯氣質, 역행力行을 중심으로 검토해 보자. 입지란 뜻을 세우는 것을 말한다. 율곡은 『격몽요결』에서 "처음 배움에는 모름지기 입지를 먼저 하고, 반드시 성인이 되기를 스스로 기약해야 한다"고 하였고, 「자경문自警文」에서도 제1조에서 먼저 모름지기 그 뜻을 크게 하고 성인으로서 준칙을 삼아야 한다고 하였다. 또한 「성학집요」에서도 학문에는 입지보다 먼저 할 것이 없다 하였다. 이와 같이 율곡은 그의 저술 도처에서 입지의 중요성을 강조하고 있다. 율곡이 입지를 학문 내지 수양의 기본으로 제시하는 이유는, 인간이란 뜻을 어떻게 갖느냐에 따라 선악이 갈라지고 성패가 결정되기 때문이다. 의지를 어떻게 갖느냐 하는 것은 수기의 관건이 된다.

그런데 율곡은 뜻을 세우지 못하는 병통을 다음 세 가지로 설명한다. 첫째는 믿지 못하는 것이고, 둘째는 지혜롭지 못함이고, 셋째는 용기가 부족하기 때문이라 하였다. 율곡은 성현이 후학에게 인생의 갈 길을 명백하게 알려 주었음에도 불구하고, 이를 불신하고 믿지 않기 때문에 뜻을 세우지 못한다는 것이다. 율곡은 유학에 대한 확고한 신념, 유가적 성현에 대한 확신을 가져야 한다 하였다. 또 사람이 태어난 기품은 만 가지로 같지 않지만, 힘써 알고 힘써 행하면 성공은 마찬가지라 하였다. 그런데 지혜롭지 못한 사람은 스스로 자기의 자질이 불미하게 태어났다 하여 퇴보하는 것에 편안하여 한 걸음도 나아가지 아니하여, 나아가면 성인도 되고 현인도 되며 물러가면 어리석은 사람도 되고 불초한 사람도 되는 것이 모두 자기의 탓임을 알지 못한다 하였다. 또 사람들이 성현은 우리를 속이지 아니한다는 것과 기질을 변화시킬 수 있다는 것을 알면서도, 다만 태만하게 항상 머물러 있으면서 분발하고 진작하지 아니하기 때문에, 어제 한 일을 오늘 개혁하기를 어렵게 여기고, 오늘 좋아한 바를 내일 고치기를 꺼린다는 것이다. 이와 같이 고식적으로 우물쭈물하며 한 치를 나아가면 한 자를 후퇴하는 것은 용기가 없기 때문이라 하였다.

또한 율곡은 수기의 방법으로 성의誠意와 정심正心을 말하였다. 성의는 뜻을 참되게 한다는 의미이고 정심은 마음을 바르게 한다는 말로서『대학』을 인용한 것이다. 율곡은 궁리가 이미 밝으면 궁행할 수 있는데, 반드시 실심實心이 있은 후에 실공實功에 착수할 수 있으므로, 성실은 궁행의 근본이 된다 하였다.

또한 "한 마음이 참되지 아니하면 만사가 모두 거짓이므로 어디를 간들 행할 수 있으며, 한 마음이 진실로 참되면 만사가 모두 참이니 무엇을 한들 이루어지지 않을 수 있겠는가" 하였다. 이처럼 수기에 있어 인간 주체의 성실성 확보는 가장 중요한 문제가 아닐 수 없다. 뜻을 참되게 갖느냐 거짓으로 갖느냐 하는 것은 인간 행위의 선악을 결정하기 때문이다. 마찬가지로 율곡은 마음을 바르게 가질 것을 강조하였다. 율곡에 의하면, 우리 마음의 본체는 맑게 비고 밝아서 빈 거울과 같고 평평한 저울대와도 같다. 그런데 사물에 감응되어 움직이면 칠정이 응하는 것이니, 이것이 마음의 작용이다. 다만 기에 구속되고 욕심에 가려져 본체가 능히 서지 못하므로 그 작용이 혹 그 바름을 잃기도 하는 것이니, 그 병통은 어둡고 어지러운 것에 있을 따름이다. 어둠의 병에는 둘이 있는데, 하나는 지혼智昏으로 궁리를 못하여 시비에 어두운 것을 말하고, 또 하나는 기혼氣昏으로 게으르고 방일放逸하여 늘 잠잘 생각만 있는 것을 말한다. 어지러운 병에는 두 가지가 있는데, 하나는 악념惡念으로 외물에 유혹되어 사욕을 계산하고 비교하는 것이고, 또 하나는 부념浮念으로 생각이 일어나 어지럽게 흩어져 끊임없이 일어나는 것을 말한다. 그러므로 궁리로써 선을 밝히고 돈독한 뜻으로 기를 거느리며, 함양하여 성誠을 보존하고 성찰하여 거짓을 버려 그 혼란을 다스린 뒤에, 아직 감응하지 않았을 때에는 지극히 허하고 고요하여, 이른바 빈 거울, 평평한 저울대의 본체가 비록 귀신이라도 그 끝을 엿볼 수 없고, 감응

할 때에는 절도에 맞지 않는 것이 없어 빈 거울, 평평한 저울대의 작용은 유행하여 머물지 않으니, 정대하고 광명한 것은 천지와 더불어 기쁨과 슬픔을 같이하는 것이라 하였다.

율곡은 이러한 정심正心을 「학교모범」에서는 존심存心이라 하여, 배우는 자가 몸을 닦고자 하면, 반드시 모름지기 안으로 그 마음을 바르게 하여 사물에 유혹되지 말아야 한다고 한다. 그런 후에야 마음이 태연하고 온갖 사특함이 물러가고 숨어 실덕實德에 나아가게 된다. 그러므로 배우는 자가 먼저 힘쓸 것은 마땅히 정좌존심靜坐存心하여 고요한 가운데에서도 어지럽게 흩어지지 않고 어둡지 않음으로써 큰 근본을 세우는 것이다.

그러면 성의誠意와 정심正心은 어떻게 다른가? 율곡에 의하면, 성의는 참으로 선을 행하고 실지로 악을 제거함을 말하고, 정심은 마음이 치우치거나 기대하거나 정체하는 일이 없으며, 뜬생각을 일으키지 않음을 말하는데, 정심이 가장 어렵다 하였다. 그러나 참으로 성의를 한다면 정심과의 거리는 별로 멀지 않은 것이라 하였다. 소위 참으로 성의誠意한다는 것은 격물치지格物致知하여 이치가 밝고 마음이 열려 뜻을 참되게 함을 말한다. 이처럼 성의와 정심은 구별해 볼 수 있으나 또한 궁극에 가서는 상통되는 것이다.

또 율곡은 수양의 방법으로 '기질의 변화'를 강조하였다. 율곡은 인간의 본성은 본래 선한데 기질의 구애로 흘러 악이 된다고 보았다. 따라서 수양론의 초점은 본성의 선을 가리는 기질을 어떻게 변화시키느냐에 달려 있다. 기는 본래 작위하는 것으로 가변적 특성을 갖는다. 문제는 그 변화가 바람직한 변화냐 아니냐 하는 데 있다.

한 기氣의 근원은 담연히 맑고 텅 비었는데, 오직 그 양陽이 움직이고 음陰이 고요하며, 혹 오르내리기도 하고 혹 내려가기도 하다가 어지럽게 날아다니는 사이에, 합하여 질質을 이루고 마침내 고르지 못하게 되는 것이라 한다. 동식물처럼 치우치고 막힌 것은 다시 변화시킬 방법이 없으나, 오직 사람만은 비록 맑고 흐리고 순수하고 잡박하여 같지 않음이 있다 하더라도 마음이 텅 비고 밝아서 변화시킬 수 있다. 그러므로 맹자는 사람이 모두 요순堯舜과 같은 성인이 될 수 있다고 하였는데, 이 말이 어찌 빈말이겠느냐 하였다. 율곡은 「성학집요」에서 기질의 변화에 대해 다음과 같이 설명하였다.

기氣가 맑고 질質이 순수한 사람은 지知와 행行을 힘쓰지 않고 서도 능하게 되어 더할 것이 없으며, 기가 맑고 질이 잡박한 사람은 알 수는 있어도 능히 행할 수는 없는 것인데, 만약 궁행에 힘써서 반드시 참되고 반드시 독실하면 행실이 가히 세워지고 유약柔弱한 자가 강하게 될 수 있으며, 질이 순수하고 기가 흐린 사람은 능히 행할 수는 있으나 능히 할 수는 없는 것인데, 만약 묻고 배우는 데 힘써 반드시 참되고 반드시 정밀하게 하면 앎에 이를 수 있으며 어리석은 자라도 밝게 될 수 있다. _『栗谷全書』, 卷 21, 「聖學輯要3」

이렇게 볼 때, 기질 가운데 기氣의 맑고 흐림은 지知에 관계 되고, 질質의 잡박하고 순수함은 행行에 관계됨을 알 수 있다. 따라서 기의 맑음과 질의 순수함을 확보하는 것이 중요한 문 제라 할 수 있다.

율곡의 수양론에서 주목해야 할 것은 역행力行이다. 왜냐하 면 인간의 수양이란 실천을 통해 완성되고 실현되기 때문이 다. 율곡은 당시 조선조 지식인들의 허위의식과 관념성에 대 해 강한 비판의식을 갖고 있었다. 그는 「동호문답」에서 "아침이 다 지나도록 밥상만 차려 놓는다고 하면서 배 한번 불러보지 못한 것처럼 빈말뿐이요 실효가 없으면 무슨 일을 할 것인가?"라고 반문하였다. 또 그는 「사간원청면학친현신차司諫院請勉學親賢臣箚」에서 "금일 조정에 부족한 것은 실천이지 말이 아니다"라고 하여, 당시 조정의 공론적 폐해와 실천성의 부족을 강하게 비판하였다. 율곡은 「만언봉사萬言封事」에서 역행에 관해 다음과 같이 설명하고 있다.

역행力行이란 자기 자신을 극복함으로써 기질의 병을 다스리는 데 있다. 유약한 자는 교정하여 강하도록 하고, 나약한 자는 교정하여 꿋꿋해지도록 하며, 사나운 자는 화和로써 조절하고 급한 자는 너그러움으로써 조절하며, 욕심이 많으면 그것을 맑게 하여 반드시 깨끗해지도록 하며, 사심이 많으면 그것을 바로잡아 반드시 공정해지도록 해야 한다. 쉬지 않고 스스로 힘쓰며 아침저녁으로 게을리 하지 말아야 하니, 이것이 역행의 요체이다. _『栗谷全書』, 卷5, 「萬言封事」

역행은 행하기를 힘쓰는 것이요 실천하기를 힘쓰는 것이

다. 수양은 관념적 단계에서 습관화되고 체질화되는 데 있다. 율곡은 일시적인 노력의 단계를 지나 지속적인 노력을 통해 잘못된 습관이나 생각이 바뀌고, 가치관의 변화를 통해 새로운 인격으로 거듭나야 한다고 보았다. 이러한 인격의 창조는 역행을 통해 비로소 이루어진다고 보았다.

8
율곡에 있어 '앎과 깨달음'

철학에 있어 인식의 문제는 매우 중요한 문제다. 특히 서양철학에서는 인식의 문제를 중시하는 전통이 있다. 유학도 인식의 이론을 가지고 있지만 등한히 해 온 것이 사실이다. 아마도 그것은 유학이 앎보다 실천을 강조해 오고, 또 학문 자체를 지식의 체계로 보지 않고 삶으로 보아 온 것과 무관하지 않을 것이다. 이미 위에서 다룬 것처럼, 유학에서는 인식과 실천을 둘로 보지 않는다. 참된 인식은 실천을 포함하고, 또 참된 실천이란 참된 인식에 근거한 것이라야 하기 때문이다. 이런 관점에서 유학은 지행합일, 지행일치를 추구한다. 다만 여기에서는 인식의 문제를 중심으로 서술하고자 한다.

그런데 유학에서는 이 인식의 문제를 지각知覺의 문제로 보고 있다. 즉 인식이란 앎과 깨달음의 문제라고 보는 것이다. 먼저 율곡은 인간의 지각능력을 어떻게 보고 있는가? 율곡에 의하면 인간의 지각은 정기精氣에서 나온다. 지각의 주체인 정기는 다시 두 가지로 나누어 생각할 수 있는데, 하나는 혼魂이고 또 하나는 백魄이다. 혼은 심관心官의 사려기능을 맡고, 백은 이목지관耳目之官의 총명기능을 맡는다. 여기에서 혼의 사려기능이란 마음의 생각하는 역할을 말하고, 백의 총명기능이란 눈, 코, 입, 귀 등 감각기관이 대상을 눈으로 보고, 코로 냄새를 맡고, 혀로 맛을 보고, 귀로 소리를 듣는 감각기능을 말한다.

율곡은 달리 심기心氣와 신기身氣라는 말로 인간의 지각능력을 설명하기도 한다. 심기와 신기는 하나이면서 둘이요 둘이면서 하나라고 한다. 심기는 신기 가운데 포함되어 있고, 신기는 심기 속에 뿌리를 박고 있다고 한다. 이렇게 볼 때, 인간은 심신영육心身靈肉이 일체화된 존재로서 마음에도 이기理氣가 있고 몸에도 이기가 있는데, 마음의 기가 심기요 몸의 기가 신기라고 볼 수 있다. 이것을 정기, 혼백과 연관해 설명해 보면, 심기는 심관의 혼과 같은 것으로 사려하는 것이고, 신기는 이목지관의 백과 같은 것으로 보고 듣는 감각작용을 하는 것이라 하겠다. 따라서 심기와 신기, 혼과 백은 모두 정기라 할 수 있다. 또 율곡은 사람의 한 몸은 혼백의 집인데, 혼魂은 기氣의 신神이요 백魄은 정精의 신神이라 하였다.

그러면 지각은 어떻게 이루어지는가? 율곡에 의하면 인간은 귀가 있은 후에 소리를 들을 수 있고, 눈이 있은 후에 색을 볼 수 있고, 마음이 있은 후에 생각할 수 있다. 만일 정기가 흩어지면 귀는 소리를 들을 수 없고, 눈은 색을 볼 수 없고, 마음은 생각할 수 없다고 한다. 이처럼 인간의 지각이란 일단 눈, 귀, 코, 입, 귀, 살갗 등 감각기관의 수용 내지 접촉이 없이는 불가하다는 말로써 경험적 성격을 분명히 하고 있다. 이것은 그가 "혈기의 몸이 있은 후에야 지각의 심도 있다"는 문인 김진강金振綱의 말에 동의한 것으로도 알 수 있다. 이로 볼 때 어떠한 앎이든지 그것은 반드시 우리의 감각을 통해서만 가능하다는 것으로 경험의 중요성을 강조한 것이다.

그러나 아무리 눈이 꽃을 보고 귀가 소리를 들어도 심관의 사유작용이 없다면 그것은 하나의 희미한 감각적 느낌일 뿐이다. 여기에 심기心氣 내지 혼魂의 역할이 요청된다. 그는 「어록」에서 "안에 심기의 허령한 것이 없으면 몸의 아픈 것이나 가려운 것도 알 바가 없어, 모래나 돌이 사물을 보는 것과 같은 것이 된다" 하였다. 몸이 송곳에 찔리거나 가려운 일이 있다 하더라도 심관의 사유작용이 없이는 아프다거나 가려운 것은 지각할 수 없다는 것이다. 이로 보면 율곡은 일차적으로 감각기관 내지 신기身氣의 보고 듣고 냄새를 맡는 감각작용을 인정한 것이다. 이는 지각 대상의 수용이며 일종의 인식과정에 해당한다. 그러나 보고 듣고 한 것을 마음이 분별하거나 정리하거나 판단해 주지 않는다면, 감각경험의 내용은 또렷하게 알려질 수 없을 것이다. 여기에 심관 내지 심기의 사려작용이 요청된다 하겠다. 따라서 율곡의 지각론에 있어서 올바른 지각이란 심관의 사려작용을 거쳐 완료된다고 볼 수 있다.

그러면 우리가 사물을 아직 접촉하지 않아 느낀 바가 없는 때에도 염려가 생기는 것은 무엇 때문인가? 이에 대해 율곡은

「성학집요」에서 이렇게 설명하고 있다.

　이 또한 옛날에 말한 바의 정을 모아 찾은 것이다. 그때를 당하
여 비록 아직 사물에 접촉하지 않았다 하더라도 실은 옛날에 느
꼈던 사물을 생각하는 것이니, 어찌 정에 의하는 것이라 하지
않겠는가? _『栗谷全書』, 卷20, 「聖學輯要2」

　이는 현재 눈이 보거나 귀로 듣는 것도 아닌데, 마음이 과거
의 경험적 지각을 소재로 작용함을 의미한다. 율곡은 이 경우
에도 과거의 경험이 하나의 외물이 되어, 신기의 감각작용과
심기의 사려작용이 일어난 것으로 보았다. 이는 일종의 기억
으로서 율곡은 여기에서도 외물 없는 지각은 있을 수 없다는
것을 명백히 하였다.

　다음은 율곡의 격물치지론格物致知論에 대해 설명해 보기로
하자. 『대학』의 격물치지는 유학의 인식론으로 주자에 의해
구체화되었다. 율곡은 기본적으로 주자의 견해에 동의하면서
「성학집요」에서 다음과 같이 설명하고 있다.

이제 사물을 만나 이해하거나 또 성현의 말을 볼 때에, 만약 심려心慮가 깨끗하여 한 번 보고도 문득 마음에 이해되어 조금도 의심이 없으면, 이것은 한 번 생각하여 문득 얻는다는 것인데, 만일 다시 의심하는 마음이 생기면 도리어 진실한 견해를 어둡게 하는 것이다. … 만일 생각해서 얻지 못하면 마음과 뜻을 다하여 죽도록 싸워 침식도 잊는 데 이르러야 비로소 깨닫는 바가 있게 된다. … 또 혹은 힘들여 생각하기를 오래 하고서도 끝내 밝게 풀지 못하여 생각이 막히고 어지러우면, 모름지기 모든 것을 던져버리고 마음속을 비워서 일물도 없게 한 뒤에 들추어 정미하게 생각하고, 그래도 오히려 환히 얻지 못하면 또한 이 일은 놓아두고 따로 다른 일을 궁구할 것이며, 궁구하고 궁구하여 점점 마음이 밝아지면 전일에 환히 얻지 못한 것도 갑자기 저절로 깨달을 때가 있다. _『栗谷全書』, 卷20,「聖學輯要2」

율곡은 사물의 앎이나 성현의 말을 이해함에 있어서 한 번 보고 즉시 알고 깨닫는 것을 부정한다. 오히려 생각해도 잘 모르겠으면 마음과 뜻을 모아 죽도록 그 이치를 궁구함에 전력해야만 깨달을 수 있다. 또 고생스럽게 생각하고 또 생각해도 앎이 투철하지 못하고 생각이 막히고 어지러우면, 마음속을 비우고 정미하게 생각해 보아야 한다. 그래도 안 되면 이 일을 놓아두고 다른 일로 옮겨 궁구해야 한다. 다른 일을 궁구하고 또 궁구하다가 보면 어느 단계에서는 전에 미처 알지 못했던 것까지도 환히 깨달을 수 있다. 이는 율곡이 주자의 말과 같이 경험적 인식을 기초로 하되, 지식의 축적이 많아지면 자기도 모르는 사이에 어느 한순간 지각의 비약이 가능하다는 것이다. 즉 주자가 말하는 활연관통豁然貫通의 지각이 가능하다는 것이다. 이러한 율곡의 인식론은 불교 선학이나 양명학에서의 직각적인 인식과는 구별되는 것이다. 설사 인식의 비약이 가능하다 해도 그것은 경험적 인식을 기초로 한다고 보기 때문이다.

다음은 율곡의 지知의 삼층설에 대해 생각해 보기로 하자. 율곡은 성혼에게 답한 글 속에서 앎의 3층설을 다음과 같이 말하고 있다.

사람이 보는 바에는 세 가지 층이 있으니, 성현의 글을 읽어 그 명목을 아는 것이 한 층이고, 이미 성현의 글을 읽고 그 명목을 알고서도 또 깊이 생각하고 정밀히 살펴서 환히 깨달음이 있어 그 명목의 이치가 명료하게 심목心目 사이에 있어서, 그 성현의 말이 과연 나를 속이지 않음을 아는 것이 또 한 층이다. 다만 이 한 층 중에는 여러 가지 차이가 있다. 그 한 끝만을 깨달은 자가 있고, 그 전체를 깨달은 자가 있고, 전체 중에도 그 깨달은 것이 또한 깊고 얕은 것이 있으니, 요컨대 입으로 말하고 눈으로 보는 것에 비교할 수 있는 것이 아니다. 마음에 깨달은 바가 있기 때문에 함께 한 층으로 돌아가는 것이다. 이미 명목의 이치를 깨달아서 요연하게 심목 사이에 있는데, 또 실천할 수 있고 역행하여서 그 아는 바를 채우고, 그 지극한 데에 미쳐서는 친히 그 경지를 밟고 몸소 그 일을 친히 하여, 한갓 눈으로 보는 것뿐이 아니니, 이같이 한 연후에야 비로소 참으로 안다고 이를 수 있다. _『栗谷全書』, 卷10, 書2, 「答成浩原」

율곡은 성현의 글을 읽고 체득하는 정도에 따라 앎의 정도를 세 가지로 구별할 수 있다고 보았다. 하층은 성현의 글을 읽고 겉으로만 아는 것이니, 이것이 가장 낮은 단계의 앎이다. 중층은 명목의 이해뿐만 아니라 깊이 생각하고 정밀하게 살펴서 그 명목의 이치를 명료히 깨달은 경계를 의미한다. 이 중층에는 다시 여러 단계가 있다. 그 일부만 깨달은 자, 그 전체를 깨달은 자, 얕게 깨달은 자의 구별이 있다. 앎의 정도가 가장 높은 상층은 깨달음의 단계에서 실천으로까지 나아가 체득한 경지이다.

율곡은 다시 이를 산의 앎에 비유하여 설명한다. 즉 최하의 한 층은 사람의 말만 듣고 좇는 자요, 가운데의 한 층은 바라보는 자요, 위의 한 층은 그 경지를 밟아서 친히 본 자이다. 최하의 단계는 남의 말만 믿고 산을 아는 자이다. 중간층은 멀리서 그 산을 바라보기만 하고 산을 안다고 말하는 경우다. 가장 잘 아는 단계는 직접 산을 올라가 보고 그 산을 아는 자라고 하였다.

그러면 율곡이 궁극적으로 추구하는 인식의 경지와 목표는 무엇인가? 율곡에 있어 격물치지나 궁리의 최종 목표는 참된 앎에 이르는 데 있다. 즉 진지眞知의 인식이 율곡 지각론의 종착점이다. 율곡은 「성학집요」에서 참된 앎과 거짓된 앎에 대해 이렇게 설명한다.

대개 만사만물은 이치가 있지 아니함이 없고, 사람의 한 마음은 온갖 이치를 관섭하고 있다. 그러므로 궁구하지 못할 이치는 없다. 다만 열리고 닫힘이 한결같지 않고, 밝고 어둠의 때가 있어서, 궁리하고 격치格致할 때에 혹 한 번 생각하여 바로 체득하는 것도 있고, 혹 자세히 생각하여 비로소 깨닫는 것도 있으며, 혹 마음을 써서 애를 태워도 투철하지 못하는 것도 있다. 생각하다 얻음이 있어서 밝게 자신하고, 시원하게 즐거우며, 분명하게 말로써 형용할 수 없게 된다면, 이것은 진실로 체득한 것이다. 비록 체득한 것이 있는 듯하더라도, 믿는 가운데 의문이 있으며, 위태롭고 편안하지 못하여 얼음이 풀리는 듯한 경지에 이르지 못한다면, 이것은 억지로 추측한 것일 뿐 진실로 얻은 것이 아니다. _『栗谷全書』, 卷20,「聖學輯要2」

율곡은 진실로 체득한 경지를 밝게 자신하고 시원하게 즐거우며 분명하게 말로써 형용할 수 없는 경지라고 표현하였다. 이는 앎의 미진함이나 부족함이 조금도 없어 진실로 아는 체득의 즐거움을 표현한 것으로 자연스런 경지다. 그러나 체득한 듯하면서도 의문이 있고 불안하며 편치 못하다면, 이는 진실로 체득한 경지는 못 된다. 따라서 진실로 체득하지 못한 경우에는 마음의 평화, 안정을 기대할 수 없고 부자연스러울 수밖에 없다. 율곡은 또 주자의 말을 인용하여 진지眞知와 부진지不眞知를 「성학집요」에서 이렇게 설명한다.

지금 사람들이 선하지 않은 것은 마땅히 해서는 안 될 줄 알면서도 일을 당하면 또 하게 되니, 다만 이것은 아는 것이 아니라 아직 극진하지 못했기 때문이다. 사람이 부자는 사람을 죽이므로 먹지 못할 것을 알기 때문에 단연코 끝내 먹지 아니하니, 이것은 진실로 안 것이다. 선하지 않은 것을 해서는 안 된다는 것을 알면서도 그래도 혹 한다면 이것은 진실로 알지 못한 것이다. _『栗谷全書』, 卷20, 「聖學輯要2」

불선인 줄 알았으면 불선을 행하지 않고, 부자가 못 먹는 것인 줄 알았으면 안 먹는 것이 참으로 아는 것이요, 참으로 아는 경지다. 그러나 불선을 알면서도 불선을 행하게 되는 것은 참으로 아는 것이 아니다. 이는 주자가 진지眞知를 단지 지식의 차원으로 생각한 것이 아니라 체득의 경지로까지 이해한 것이라 할 수 있다. 그리고 참으로 아는 것은 행하지 않을 수 없는 것이요, 알기만 하고 행하지 못함은 그 앎이 완전하지 못한 때문이다. 율곡은 미숙지未熟知 내지 부진지不眞知가 아닌 진지를 격물치지의 궁극 목표로 삼았다.

4

율곡의 나라 사랑과 우환의식

1
율곡의 역사인식과 우환의식

　율곡은 투철한 역사의식을 갖고 16세기 조선을 걱정한 실천적 지성이었다. 유학은 본래 '나라와 백성'에 대한 우환의식을 근본으로 한다. 이러한 율곡의 우환의식은 그의 수많은 상소문과 대책문에 잘 나타나 있다. 그는 당시 16세기 조선조의 시국을 예리하게 진단하고 '경장기更張期'로 규정하였다. 유학에서는 대체로 창업기創業期, 수성기守成期, 경장기로 나누어 시국을 규정한다. 창업기란 구체제 내지 기존질서를 해체하고 다시 시작해야 하는 혁명기를 말한다. 수성기란 정치가 안정되어 후계자가 앞 사람이 이루어놓은 정책과 제도를 계승하기만 하면 되는 태평성대를 말한다. 또한 경장기는 내부적 모순과 부패로 개혁하지 않으면 안 되는 개혁의 시기를 말한다. 그런데 율곡은 당시의 시국을 경장기로 진단하고 개혁의 당위성을 강력히 주장하였다.

　율곡은 지도자의 유형을 나누기를, 나라의 위태로움을 미리 알고 잘 대비하는 자를 상지上智라 하고, 위태로움을 알고서야 대비하는 자를 중지中智라 하고, 위태로움을 보고서도 대비하지 않는 자를 하지下智라 하였다. 율곡은 선조 임금이 적어도 '하지'는 면하기를 바랐다.

북쪽 중국 대륙은 명나라가 쇠퇴하고 금이 새로운 강자로 등장하고, 바다 건너 일본은 오랫동안의 각축이 끝나고 풍신수길豊臣秀吉에 의해 통일되는 주변 정세를 읽고 있었다. 또 내부적으로는 당쟁이 싹트고 태평성대인 양 착각하는 지도층의 무사안일과 타성, 사화의 여독이 아직 남아 있고, 연산시대의 제도적 모순이 상존해 있으며, 각 분야에 만연해 있는 무실無實 풍조를 심각히 우려하고 있었다. 그는 16세기 후반을 가리켜 '흙이 무너져 내리는 형세'라 하기도 하고, '쌓아 놓은 계란이 무너지는 형국'이라 표현하기도 했다. 그의 이러한 현실인식은 임금에게 올린 상소문 속에도 잘 나타나 있고, 상소문마다 말미에서는 '이대로 가다가는 10년도 못 가 나라가 망한다'는 예언 아닌 예언을 하고 있다. 그리고 자신의 말이 임금을 속였다면 처벌해 달라고 극언하기도 한다. 율곡은 당시 조선의 현실을 2백 년 묵은 집에 비유하고, 동쪽을 고치면 서쪽이 무너지고 서쪽을 고치면 동쪽이 무너져, 유명한 목수라도 손 댈 바를 모른다고 하였다. 삼척동자 어린아이 눈에도 나라가 망할 것이 환히 보이는데, 백성의 부모라는 임금이 어찌 팔짱만 끼고 앉아 나라가 망하는 것을 구경만 하고 있느냐고 비판하면서, 나라가 망할 것을 생각하면 밤중에 자다가도 벌떡 일어나게 된다고 술회하였다. 율곡은 "백성이 하늘 삼을 바 먹을 것을 잃고 나라가 의지할 바가 없으니, 경제를 살리고 백성을 살리는 것生財活民이 오늘날 가장 시급히 힘써야 할 일"이라 하였다.

율곡에게 있어 가장 중요한 가치는 '나라와 백성'이었다. 당시 백성들을 가장 괴롭힌 것은 조세제도 내지 의무제도의 난맥상이다. 공물貢物, 방납防納의 폐단, 진상進上의 폐해, 군역軍役, 선상選上의 폐해가 백성들을 괴롭혔다. 조세제도, 국방의무제도, 의무부역제도 등 백성들이 지키고 갚아야 할 의무제도가 백성들의 삶을 피곤하게 하고 못살게 굴었다. 이는 법과 제도가 잘못되었기 때문이다.

율곡에 의하면 한 도의 가난한 백성들이 산으로 사냥을 하러 가고 물에서 물고기를 잡아도 매일 먹고 살기에 부족하고,

밭은 갈지 못해 황폐해지고, 지붕이 무너져도 고치지를 못하며, 곤경에 빠져 흘러 다니며 일정한 거처를 가질 수 없다. 만약 그 고장에서 나는 물건이 아니면 경비를 모아 멀리 다른 지방까지 가서 물건을 사오게 되니, 노력과 비용은 열 배나 든다. 심지어 구하기 힘든 특종 노루를 요구하니, 그것이 아니면 수백 마리를 잡는다 해도 그만 잡을 수 없어 그 고통은 특히 심하다.

또한 물품의 생산은 때에 따라 변하고, 백성들의 재물과 토지에 대한 세금도 때에 따라 늘었다 줄었다 하는데, 공물을 나누어 정해 놓은 것이 바로 조선 초의 일이었고, 연산군 때에는 다만 거기에 더 늘려 정해 놓았을 뿐이니, 역시 적당한 분량을 계산하여 변통해 놓은 것은 아니었다. 지금에 와서는 여러 고을에서 바치는 공물이 그곳 생산품이 아닌 것이 대부분이어서, 나무에 올라 물고기를 잡으려 하거나 배를 타고 나가 짐승을 잡으려 하는 것과 같게 되었으니, 다른 고을에서 사들이거나 또는 서울에 와서 사다 바치지 않을 수 없게 되었다. 따라서 백성들의 비용은 백 배로 늘었지만 공용에는 여유가 없게 되었고, 그 위에 백성들의 호수는 점점 줄어들고 들판은 갈수록 황폐해져, 지난해 백 명이 바치던 분량을 금년에는 한 사람에게 책임지워 바치도록 해야 하게 되었다. 이대로 간다면 반드시 한 사람마저도 없어지게 된 연후라야 끝이 날 형편이라 하였다.

율곡은 기회가 되면 임금에게 할 말을 다하고자 했고, 시국의 진단과 함께 반드시 합리적인 대안을 제시하였다. 율곡의 훌륭한 점은 그가 임금을 비판만 하거나 현실에 대한 개탄만 한 것이 아니라, 합리적인 처방전을 내놓고 있다는 점이다. 그것이 현실정치에 반영되었느냐 하는 것은 별개의 문제다. 율곡의 경세론과 개혁론이 비현실적이거나 이상론이 아니라 매우 현실적 대안이었다는 것은 실학자 성호 이익星湖 李瀷의 말을 통해서도 입증된다. 이익은 "근세에 이율곡은 경장을 많이 주장했으나 당시의 논의자들은 옳지 않은 것으로 여겼다. 지금 생각하면 명쾌 절실한 것으로 대부분이 시행할 만한 것이었다"고 말한 바 있다.

율곡의 49년이라는 짧은 생애에 비하면, 그의 현실적 관심과 나라와 백성에 대한 근심걱정은 참으로 철저했다고 볼 수 있다. 1548년 1월 14일 별세하기 이틀 전 전방 근무의 명을 받고 서익徐益이 율곡을 찾아 인사를 하자, 그는 베개에 의지해 6개 조의 방략을 구술하고 대신 이를 받아썼으니, 이것이 갑신절필 甲申絶筆로 「육조방략여어사익六條方略與御史益」이라는 글이다. 그는 세상을 마칠 때까지 우국애민의 충정을 놓지 않았다.

2
나라와 백성을 위한 개혁

율곡은 '개혁을 좋아하는 사람'으로 불릴 만큼 개혁을 중시하고 개혁을 추구했던 사람이다. 그것은 당시 조선이 이미 쇠퇴기를 걷고 있었고, 부패와 불합리한 법제가 백성을 괴롭히고 있었기 때문이다. 백성들의 고통은 삶의 즐거움을 잃게 되고, 나라에 대한 애정이 끊어져 민심의 이반을 가져오기 때문이다. 율곡은 상소문 도처에서 임금에게 개혁의 당위성을 강조하고, 개혁의 방법과 내용에 대해 상세하게 설명하였다. 마치 명의名醫가 환자를 진단하고 처방하듯이, 그는 민족의 선각자로서 나라의 현실적 상황을 진단하고 그 처방을 제시하였다.

율곡에 의하면 모든 법제란 오래되면 폐단이 생기고, 폐단으로 인해 그 해가 백성에게 돌아가기 때문에 개혁을 하지 않을 수 없는 것이다. 백성의 아픔과 고통을 해결하기 위해서는 모순된 법제를 고치지 않을 수 없다. 율곡의 개혁논리는 근본적으로 백성의 아픔을 제거하여 백성의 편리와 이익을 도모하는 데 있다. 마찬가지로 아무리 훌륭한 법이나 성왕이 만든 법이라 하더라도 때가 바뀌면 법도 바뀌어야 하는 것이다. 더구나 연산시대의 악법이야 말할 것도 없이 조속히 고쳐야 한다는 것이다.

그럼에도 불구하고, 개혁이 성공적으로 이루어지지 못한 이유는 무엇인가? 율곡에 의하면 임금 자신이 의지가 부족하고 우유부단하기 때문이다. 또 일부 보수 지도층의 개혁 신중론 때문이다. 즉 성왕이 제정한 법이니 가볍게 고칠 수 없다든가, 나라의 법을 어떻게 함부로 고칠 수 있느냐는 신중론이다. 또 다른 이유는 개혁에 따른 후유증 내지 두려움이 있기 때문이다. 급진적 개혁으로 인해 혹 소요사태가 일어날까를 근심하여 변통과 개혁을 주저하는 것이다. 당시 많은 사람들이 율곡을 '경장을 좋아하는 사람'이라고 비웃음에 대해, '내가 경장을 좋아하는 것이 아니라, 백성의 고통과 아픔을 구제하기 위한 것'이라 토로하였다.

그러면 율곡이 개혁을 그토록 주장하는 이유가 어디에 있는가? 그것은 한마디로 잘못된 법, 불합리한 제도로 인해 겪는 민생의 아픔, 백성의 불편과 고통을 해결해 주고, 이를 통해 백성들의 삶에 활력을 불어넣고 숨통을 트이게 하여 그들에게 기초적 생존권을 보장하기 위함이었다.

율곡은 개혁에 대해 몇 가지 원칙이 있었다. 먼저 개혁의 주체가 깨끗해야 성공할 수 있다는 점이다. 자신이 개혁의 대상이 되고서는 개혁이 성공할 수 없다. 그는 개혁의 주체인 임금 자신이 도덕적으로 모범을 보이고, 백성의 존경과 신뢰를 받아야 한다고 보았다. 이를 위해 율곡은 임금에게 성학聖學에 정진하고 수기에 진력하여 군덕君德을 성취할 것을 간곡히 권면하였다.

또한 개혁은 점진적으로 해야 한다. 그는 15세기 지치至治 왕도王道의 이상을 실현하고자 개혁에 앞장섰던 정암 조광조 靜庵 趙光祖의 급격한 개혁의 실패를 교훈 삼아 점진적으로 해야 한다 하였다. 개혁에서의 속도 조절을 강조하였다. 즉 개혁은 너무 느슨해도 안 되고 너무 급속히 추진해도 부작용이 생겨 실패할 수 있다는 것이다. 급히 서두르고 점진적으로 하지 않으면 인심이 동요하고 도리어 화란의 빌미를 이끌어 내고, 느슨히 하여 시기를 놓치면 태만하고 타성에 젖어 앉아서 패망을 기다리니, 개혁하고 진작하는 기회는 다만 임금이 하는 바의 일을 잘 미루어 생각하여 완급緩急이 중도에 맞게 하는 데 달려 있다 하였다. 이러한 율곡의 점진적 개혁론은 개혁의 안전판 역할을 하는 것이고, 현대적으로도 시사하는 바크다.

또한 율곡은 성공적인 개혁을 위해 언로를 개방하여 조정의 신하로부터 만백성에 이르기까지 개혁에 대한 아이디어를 널리 수집하여 개혁 정책에 반영해야 한다 하였다. 이는 치자 중심의 일방적 개혁이 아니라 민의에 기초한 민주적 개혁이라는 점에서 매우 중요한 의미가 있다.

3
430여 년 전 이미 '국시國是'를 논하다

국시란 온 국민이 모두 옳다고 하는 것으로, 한 나라의 공통된 의사 내지 온 국민의 합일된 의견을 말한다. 국시는 정치학적으로 국가의 의사, 국가의 존재이유, 또는 국가의 기본 질서를 의미한다. 국정의 방향을 어떻게 잡는가 하는 것도 국시의 문제이고, 한 나라의 헌법체계를 어떻게 구성할 것인가 하는 것도 국시의 문제라고 할 수 있다. 예컨대 한 나라의 지도자를 뽑는 것도 국시의 일환이며, 통일문제나 북한문제에 대한 정책적 결정도 국시의 문제라고 할 수 있다. 우리는 80년대 권위주의 정권시절 어느 야당 국회의원이 국회에서 '대한민국의 국시는 통일이다'라고 해서 구속된 것을 기억하고 있다. 또 해방 이후 대한민국의 국시는 '반공'이라는 교육을 받고 살아오기도 했다.

그런데 율곡은 430여 년 전 1579년(선조 12년) 대사간을 사직하면서 올린 상소문 「사대사간겸진세척동서소辭大司諫兼陳洗滌

東西疏」에서 국시론을 논리 정연하게 설명하고 있다. 1575년 김효원과 심의겸 간에 이조 전랑직을 둘러싸고 대립하여 사림의 분열이 노골화되고 있었다. 율곡은 임금으로부터 의견을 구한다는 교지에 접해 말하기를, 변경의 군비가 소홀하여 적이 이르면 반드시 패하리라는 상황과 함께, 군사를 기르고 백성을 쉬게 하여 불시의 상황에 대비할 것을 건의하려 했으나, 올리는 소차가 번번이 채택되지 않아 중지하였었다. 그 후 시론이 불안하고 사림들이 동요되어 조정에는 화기가 없고, 시정에는 들뜬 논의가 분분하여 근심으로 베개를 어루만지며 잠을 못 이루었다고 술회하였다. 그리하여 4년 후 율곡은 대사간의 직을 고사하는 동시에 동서 당인의 타파 보합을 진언하였는데, 이것이 바로 이 상소문이다. 앞에서도 잠깐 거론한 바 있지만 먼저 여기에 서술된 율곡의 국시론의 내용을 보기로 하자.

국시國是의 정립은 더욱이 구설口舌로써 다툴 수 없는 것입니다. 인심이 한가지로 그러한 바를 일러 공론公論이라 하고, 공론의 소재를 일러 국시라 합니다. 국시란 한 나라 사람들이 꾀하지 아니하고서도 한가지로 옳다고 하는 것이니, 이익으로써 유혹하지 않고 위력으로써 두렵게 하지 않는데도 삼척동자 어린 아이들까지도 또한 그 옳음을 아는 것이니, 이것이 곧 국시입니다. _『栗谷全書』, 卷7, 「辭大司諫兼陳洗滌東西疏」

율곡에 의하면 국시의 정립은 말싸움이나 논리의 싸움으로 정해지는 것이 아니다. 온 나라 사람들의 보편적인 마음, 즉 공론에서 국시가 세워진다는 것이다. 공론은 모든 사람들이 모두 그렇다고 하는 공통된 마음이다. 인위적으로 조작하거나 만들어지는 것이 아니라, 천부적 인간 본심의 발로다. 국시는 인위적으로 도모하지 않는데도 모두가 한가지로 옳다고 하는 것이다. 공론을 세우기 위해 어떤 이익으로 유혹하지도 않고, 또 권력으로 협박하거나 강제하지 않는데도 어린아이들까지 그것이 옳다고 하는 것이다. 여기서 우리는 국시나 공론이 '옳음'이라는 정당성에 기초한 것임을 알 수 있다. 대체로 현대 민주주의는 다수결이라는 원칙을 중요한 잣대로 내세운다. 즉 동의의 양이 절대적인 원칙이 된다. 그러므로 중우衆愚의 위험성을 안고 있다.

그런데 율곡의 국시론에서는 '온 나라 사람들'이라는 동의의 양도 고려하면서 동시에 '옳음'이라는 동의의 질을 함께 요청함으로써 이상적인 민주적 동의의 형식과 본질을 잘 말해주고 있다.

또한 율곡은 공론과 구별되는 부의浮議를 제시하여 중우의 위험성을 경고하고 선량한 동의의 중요성을 일깨워 주었다. 이에 대한 율곡의 말을 들어 보기로 하자.

소위 부의浮議라는 것은 어디서 생겨난 것인지 알 수 없으며, 처음에는 미약하나 점차 성하여 묘당廟堂을 동요시키고 대각(臺閣: 사헌부와 사간원)을 뒤흔들게 되면, 온 조정이 이에 휩쓸려 감히 막아내지 못한다. 부의의 힘은 태산보다도 무겁고 칼날보다도 날카로워, 그에 한번 부딪히면 공경公卿도 그 높음을 잃고 현준賢俊도 그 이름을 잃으며, 장의張儀, 소진蘇秦 같은 사람의 웅변도 소용이 없고, 맹분孟賁, 하육夏育 같은 사람의 용맹도 베풀 바가 없어져 마침내 그 까닭을 알 수가 없다. _『栗谷全書』, 卷7,「陳時弊疏」

부의란 일종의 뜬소문 내지 유언비어로서 공론에 비교되는 것이다. 공론은 국민을 원천으로 삼는 것이지만, 부의는 그 원천이 묘연하다. 공론은 자발적인 정당성을 본질로 하지만, 부의는 허위를 바탕으로 한다. 또 공론은 만인의 의사로서 국민 전체의 의사이지만, 부의는 일부의 의사다. 공론은 정책결정 과정에 민의를 가장 합리적으로 수렴할 수 있는 최선의 방법인 데 비해, 부의는 정상적으로 정치에 반영할 수 없을 뿐 아니라 국가적으로도 막대한 피해를 준다.

율곡은 공론의 주체를 사림士林이라 하여, 중우衆愚에 의한 여론의 타락 가능성, 지배자에 의한 여론 조작의 위험성을 제거하고자 했다. 즉 공론 형성의 주체가 사림이라 하여, 사림에 의한 양질의 여론 형성이 국시 정립에 있어 매우 중요한 요소임을 지적하였다.

율곡은 사림의 정의를 "마음으로는 옛날의 법도를 사모하고, 몸으로는 유행儒行을 실천하며, 입으로는 법언法言을 말함으로써 공론을 유지하는 자"라고 하였다. 사림이란 유학의 이상에 목표를 두고, 유학을 몸소 이해하고 실천하는 유교문화의 충실한 대변자로서 공론의 주도층이라고 보았다. 그러므로 "사림이 융성하면 화목해 나라가 잘 다스려지고, 과격하여 분당되면 나라가 어지러워지며, 만약 부패하여 사림이 없어지면 그 나라는 망하게 된다" 하였다. 이처럼 사림의 존재 여부, 사림의 화목 여부가 국가 치란의 관건이 된다고 보았다. 같은 맥락에서 "사림이 조정에 있어 사업을 잘 베풀면 나라가 다스려지고, 사림이 조정에 없어 빈말에 붙여지면 나라가 혼란에 이른다"고 하였다. 이것은 율곡이 "공론이 조정에 있으면 나라가 다스려지고 공론이 시골에 있으면 나라가 혼란하며, 만약 위아래에 모두 공론이 없으면 나라는 모두 망한다"고 한 것과 상통한다. 율곡에 의하면, 사림도 국가의 원기이고 공론도 국가의 원기이다. 사림은 공론의 주체가 되고 공론은 사림에 의해 주도되는 것이다. 사림이 조정을 주도해야 하고, 공론이 조정을 주도해야 나라가 잘 다스려지고 백성이 행복해질 수 있는 것이다.

4
말길이 열려야 나라가 흥한다

언로言路란 말길을 의미한다. 치자와 피치자 간의 소통의 창구요, 임금과 백성 간의 소통의 창구라고 할 수 있다. 임금은 언로를 통해 민의 내지 민심을 파악하고, 백성은 언로를 통해 임금에게 자신들의 생각과 의견을 전할 수 있다. 현대사회는 수많은 언론 매체를 통해 소통이 가능하지만, 조선시대에는 이러한 소통의 방법이 여의치 않았다. 신문고제도같이 직접 호소하는 방법도 있었지만, 시대의 민의를 전달하는 하나의 제약된 방법이었다. 가장 일반화된 소통의 방법이 바로 상소제도이다. 백성은 남녀 신분에 관계없이 임금에게 상소를 올릴 수 있었고, 임금은 반드시 답을 해 주는 것이 하나의 관행이었다. 제한적이나마 조선시대 상소제도가 보편화된 것은 백성들의 인권보장과 언론자유라는 측면에서 긍적적인 기여를 많이 한 것이다.

율곡은 공론의 형성에 있어 꼭 필요한 것이 언로의 개방이라고 보았다. 율곡은 선배인 정암 조광조, 고봉 기대승 등의 언로개방 사상을 계승하여 언로개방을 적극 주장하였다. 그는 "언로가 열리느냐 닫히느냐에 국가의 흥망이 달려 있다" 하여, 언로의 개방 여부가 국가 흥망의 관건이 됨을 강조하였다.

그러면 왜 언로를 개방해야 하는가? 이에 대한 율곡의 말을 들어 보기로 하자.

이른바 언로를 넓혀 여러 대책을 수집하라는 것은 무슨 말인가? 임금은 묘연한 몸으로 억조의 위에 처해 있으므로, 그 자신의 총명은 모든 것을 다 듣고 볼 수 없다. 그러므로 옛날의 성왕은 반드시 국인의 귀를 자신의 귀로 삼아 듣지 아니함이 없고, 국인의 눈을 자기의 눈으로 삼아 보지 아니함이 없으며, 국인의 마음을 자기의 마음으로 삼아 알지 못함이 없음에, 천지도 족히 크다고 생각되지 않고, 해와 달도 족히 밝다고 생각되지 않는다. _『栗谷全書』, 卷3, 「玉堂陳時弊疏」

율곡이 언로를 넓혀야 한다고 하는 가장 중요한 이유는, 국가의 정책 수립을 위해 국민의 다양한 의견과 아이디어를 수

집해야 하기 때문이다. 임금도 중인과 같은 하나의 인간이므로 총명과 지혜에 한계가 있다. 그러므로 참모들의 보좌가 필요하고 많은 사람들의 조언이 필요한 것이다. 율곡은 임금의 정책적 판단이 민심 내지 민의에 기초해야 한다고 보았다. 자신의 눈이 아니라 백성의 눈으로 보아야 하고, 자신의 귀가 아니라 백성의 귀로 들어야 한다. 언로개방의 필요성이 다름 아닌 민의의 청취에 있었다. 민심에 의해 훌륭한 정책 대안을 찾고, 민의에 기초해 개혁의 아이디어를 찾아야 한다는 것이다. 이러한 유학의 언로관, 율곡의 언로관은 21세기 현대에도 유용한 의미를 갖는다. 그리고 여기에는 언로개방의 궁극적 목적이 백성을 위한다는 '위민爲民'에 있음을 알 수 있다. 백성의 생각과 의견을 존중하고 백성으로 하여금 할 말을 하게 해야 한다는 인권의식이 깔려 있다.

그러면 율곡은 언로를 어느 수준으로 열어야 한다고 보았는가? 율곡은 「간원진시사소諫院陳時事疏」에서 이렇게 말하고 있다.

엎드려 바라옵건대, 전하께서는 특별히 의견을 구한다는 전교를 내리시고, 거리낌 없이 문호를 활짝 여시어, 위로는 조정의 신하로부터 아래로는 서민에 이르기까지, 안으로는 서울로부터 밖으로는 먼 곳에 이르기까지, 모두 각각 시국의 폐단을 올리게 하십시오. _『栗谷全書』, 卷3, 「諫院陳時事疏」

이처럼 율곡은 언로의 범위를 전 국민으로 확대하고 있다. 신분상으로는 조정의 신하로부터 일반 서민에 이르기까지, 공간적으로는 서울로부터 먼 시골구석까지 모두 언로를 열어야 한다는 것이다. 당시 유교정치가 제도적으로 간관제도를 두어 언로를 담당한 삼사의 관원들에게 공식적인 비판의 권한을 준 것에서 진일보한 것이다. 2백여 년 후 실학자 초정 박제가楚亭 朴齊家가 보편적인 언론의 자유를 들고 나오는데, 실은 율곡에게서 이미 그런 사상이 보이고 있다. 그런데 이러한 율곡의 언로사상은 또 중종 때 개혁정치를 추구하다 억울하게 희생된 정암 조광조에 연원을 두고 있다. 조광조는 「사간원청파양사계司諫院請罷兩司啓」에서 이렇게 말하였다.

언로가 통하고 막힘은 국가에 있어 가장 관건이 되는 것이니,

통하면 다스려지고 막히면 어지럽고 망하게 되는 것입니다. 그러므로 인군이 언로를 넓히기를 힘써서, 위로는 공경백집사公卿百執事로부터 아래로는 시골과 시장 거리의 백성에 이르기까지 다 말할 수 있게 해야 하는 것입니다. _『靜庵集』, 卷2,「司諫院請罷兩司啓1」

이는 율곡이 '언로가 열리고 막힘이 흥망에 관계되는 바'라 하고, "공론이 조정에 있으면 나라가 다스려지고, 시골에 있으면 나라가 혼란하고, 상하에 모두 없으면 나라가 망하기에 이른다"고 한 것과 일치하는 것으로, 정암의 영향을 짐작할 수 있다.

율곡은 "비록 그 한 말이 조리가 없고 보잘것이 없고, 또 좋지 않은 말이 많아 거리낌 없는 자라도 역시 내버려 두고 죄를 묻지 말라"고 하였으니, 율곡이 생각하는 언로의 수준이 어느 정도인가를 이해할 수 있다. 사실 이러한 수준의 언로개방은 현대 민주국가를 표방하는 나라에서도 용납하기 어려운 것임을 감안할 때, 율곡의 언로사상이 얼마나 선구적이었는가 하는 것을 알 수 있다.

현대 민주정치가 언론자유를 기초로 한다고 볼 때, 지금부터 400여 년 전 율곡이 외친 언로개방은 시대적 한계를 뛰어넘는 근대의식의 발로가 아닐 수 없다.

5
정치가 가야 할 길: 정의義와 이익利의 조화

정치란 국민을 위해 존재하는 것이다. 국민의 생명과 재산, 그리고 행복을 위해 국가공동체가 존재하고, 이를 관리하고 운영하는 것을 정치라 한다. 유학은 정치가 가야 할 길을 이익과 정의로 규정하였다. 맹자는 "생生 또한 내가 하고자 하는 바요, 의義 또한 내가 하고자 하는 바이지만, 이 두 가지를 겸하여 얻지 못하면 생을 버리고 의를 취하리라"라고 한 바 있다. 여기서 '생'이란 살고 싶은 생존 욕구를 말하고, '의'란 의리로서 도덕적 욕구를 말한다. 그런데 '생'이란 '이利' 즉 이익이란 말로 대체 가능하다. 왜냐하면 사람이 기본적으로 생존하기 위해서는 의식주가 필요하고, 이는 다름 아닌 물질이요 경제로서 이익을 의미하는 말이다. 또 의리라는 말도 인간이 지켜가야 할 바른 도리로서, 윤리적 개념도 되고 정의라는 말로 바꾸어 사용할 수 있다. 이렇게 볼 때, 맹자가 말하는 인간의 기본적 욕구는 생존 욕구로서의 경제적 가치이익와 도덕적 욕구로서의 윤리적 가치정의가 되는 것이고, 이 양자를 겸해 추구하는 것이 유교의 이상이라 할 수 있다. 다만 극단적으로 이 양자 가운데 어느 하나를 택일해야 한다면, 생명을 바쳐서라도 정의를 추구해야 한다는 것이 유교의 정신이다. 이러한 맹자의 '생을 버리고 의를 취한다舍生取義'는 말은 공자의 '몸을 죽여 인仁을 이룬다殺身成仁'는 말과 같은 말이다. 이로 인해 그동안 많은 사람들이 유교의 본의가 살신성인에 있는 것처럼 오해하여, 유학은 경제문제, 실용의 문제를 도외시한 무미건조한 도덕주의 철학으로 오해해 온 감이 없지 않다.

그러나 사실 유학은 이익과 정의, 경제와 윤리 양자를 함께 추구하는 것이 본래의 정신이다. 이로움과 올바름은 어느 하나도 결여되어서는 안 되기 때문이다. 율곡은 이러한 유학의 정신을 충실히 계승하여 바람직한 정치는 이익과 정의를 함

께 충족해야 한다고 주장한다. 그는 「시폐칠조책時弊七條策」에
서 다음과 같이 설명하고 있다.

내가 듣건대, 때에 따라 중도를 얻는 것을 일러 '권權'이라 하고,
일을 처리함에 있어 마땅함에 맞는 것을 '의義'라고 합니다. '권'
으로써 변화에 대응하고 '의'로써 일을 짓는다면 나라를 다스림
에 무슨 어려움이 있겠습니까? … 가만히 생각건대, 도道가 함
께 병행할 수 없는 것은 옳음是과 그름非이요, 일에서 함께할 수
없는 것은 이로움利과 해로움害입니다. 한갓 이로움과 해로움
이 급하다 해서 옳고 그름의 소재를 돌아보지 않는다면 일을 만
드는 의리에 어긋나고, 한갓 옳고 그름이 급하다 해서 이로움과
해로움의 소재를 헤아리지 않는다면 변화에 대응하는 권도權道
에 어긋납니다. 그런데 권權에는 일정한 기준이 없어 중中을 얻
는 것이 귀하고, 의義는 불변의 제도가 없어 마땅함에 맞는 것
이 귀합니다. 따라서 중中을 얻고 마땅함에 합하면得中合宜 옳음
과 이로움이 그 가운데에 있습니다. _『栗谷全書』, 拾遺, 卷5, 「時弊七
條策」

개인이나 한 나라의 정치에 있어서 이익과 정의는 갈등하고 충돌하는 경우가 많다. 현실적으로 이해利害만을 추구하다 보면 시비是非를 간과하기 쉽고, 또 시비에만 몰두하다 보면 이해를 잃어버리기 쉽다. 우리는 옳고 그름 가운데 옳음을 추구하고자 하고, 이로움과 해로움 가운데 이로움을 추구하고자 한다. 즉 이로움과 옳음을 동시에 추구하고자 하는 것이 개인의 소망이고 정치의 이상이다. 그러나 현실적으로 이 두 가지 가치를 동시에 추구하고 충족하는 것은 쉬운 일이 아니다. 이러한 이익과 정의, 경제적 실리實利의 문제와 도덕적 정의正義의 문제를 하나로 융섭할 수 있는 논리를 율곡은 창출하였다. 율곡에 의하면 권도權道는 일정한 기준이 없기 때문에 중용에 맞는 것이 귀하고, 의리는 불변의 제도가 없기 때문에 마땅함에 맞는 것이 귀하다.

그러므로 중용을 얻고 마땅함에 맞으면得中合宜, 그 가운데 옳음과 이로움이 동시에 충족된다는 것이다. 이는 율곡이 개인적 처사나 정치적 사태에 있어서 도덕적 정당성과 함께 경제적 실리를 추구한 이론을 상황논리로써 명쾌하게 설파한 것이다. 왜냐하면 우리가 하는 일이란 항상 시간과 공간 속에서 그리고 다양한 대상을 상대로 이루어지기 때문이다. 때에 따라 알맞음中을 얻는 것權과 일을 처리함에 마땅함宜에 맞는 것義, 이것이 시비와 이해를 조화하는 준거요 척도다. 이처럼 율곡은 이익과 정의의 조화를 추구했는데, 이러한 정신이 정치현실에 반영되면 양민養民과 교민敎民의 조화로 나타난다. 양민이란 백성을 물질적으로 잘 먹여 살리고 민생을 충족하는 것을 말하고, 교민이란 교육과 교화를 통해 백성을 지적으로, 도덕적으로 그 수준을 끌어올리는 것을 말한다. 일찍이 맹자는 왕도정치의 출발점을 민생의 안정에 두었고, 윤리적 교화를 통해 왕도정치가 완성되는 것이라 하였다. 즉 양민은 왕도정치의 기초가 되고 교민은 왕도정치의 끝맺음이 되는 것이다.

율곡도 이러한 전통유학의 정신을 계승하여 정치는 양민과 교민을 겸해야 한다고 보았다. 율곡은 「만언봉사」에서 아래 백성들은 가난이 몸에 절박하여 본심마저 잃고, 부자 형제라도 오히려 길가의 사람같이 여기는 실정과, 삼강오상이 유지되지 못하고 형정刑政이 법제화되지 못하는 상황에서, 향약鄕約이 비록 아름다운 일이라 하더라도 그것의 시행이 쓸모없음을 말하여, 향약의 시행을 보류할 것을 주장하였다.

또 「옥당진계차玉堂陳戒箚」에서는 백성들이 먹을 것을 잃어버려 가난이 몸에 절실하면 예의를 돌아보지 않는다 하였다. 아울러 경연에서도 말하기를, 백성을 기르는 것을 먼저하고 백성을 가르치는 것을 뒤에 하라고 하였다. 민생의 초췌함이 오늘보다 심한 때가 없으니, 서둘러서 폐해를 바로잡고 급박한 사정부터 풀어준 뒤에야 향약을 시행할 수 있다 하였다. 이와 같이 율곡은 정치의 일차적인 과제가 민생의 안정에 있다고 보아 양민을 주장하고, 그 뒤에 백성들을 계도하고 교화하는 것이 순서라 하였다. 율곡은 「육조계六條啓」에서 먹는 것이 풍족하고 군사가 풍족해도 인의仁義가 없으면 어찌 유지할 형세가 있겠느냐 하였다. 먹고사는 문제가 중요하기는 하지만, 예의염치가 없으면 경제도 안보도 유지할 수 없는 것이다.

이와 같이 양민養民과 교민敎民은 율곡에 있어 정치의 두 날개다. 양민은 정치의 기초인데 교민을 통해 비로소 완전해진다. 이러한 양민과 교민의 조화는 현대정치가 지향해야 할 이상이라는 점에서 그 의미가 있다.

6

'무실無實'에서 '무실務實'로

율곡은 16세기 조선의 문제를 실實이 없는 무실無實현상에서 찾았다. 그는 「만언봉사」에서 선조에게 7가지의 무실현상을 거론하며 현실개혁을 주장하였다. 첫째는 임금과 신하가 서로 믿는 실이 없다는 것이다. 임금과 신하 간에 두터운 신뢰가 있어야 정치의 성공이 가능한데, 서로 불신하는 가운데 정치가 표류하고 있다고 지적한다. 둘째는 신하들에게 일을 맡기는 실이 없다고 말한다. 임금은 마땅히 정무를 각기 나누어 적재적소에 분장해 맡겨야 행정의 실적을 기대할 수 있는데, 그렇지 못하고 형식에 흘러 내실이 없다는 것이다. 셋째는 경연에서 성취하는 실이 없다고 한다. 경연은 임금이 자신을 돌아보는 기회가 되고, 또 면학의 기회가 되며, 신하들과 국정 현안을 토론하는 자리인데, 경연의 형식만을 취할 뿐 실질적인 소득이 없다는 것이다. 넷째는 현인을 초빙하여 수용하는 실이 없다고 한다. 정치는 임금 홀로 할 수 없고 많은 인재의 도움이 필요한데, 훌륭한 인재를 초빙하려는 정성과 노력이 부족하다는 것이다. 다섯째로는 천재지변을 만나 이에 대응하는 실이 없다고 한다. 당시 많은 자연재해나 기상의 이변이 나타나는데, 이에 대한 임금의 대응이 형식적이라는 말이다. 당시는 일식이나 월식 등 다양한 형태의 자연재해나 이변이 발생하면 이는 곧 하늘이 임금에게 내리는 견책이라고 믿었다. 그래서 임금은 수라상의 반찬 수를 줄여 소박한 식사를 한다든지, 또 여자와의 관계를 삼간다든지 반성과 자성의 정성을 다해야 한다는 것이다. 그럼에도 마지못해 하는 척만 하지 실제로 진심 어린 반성과 성의가 부족하다는 것이다. 이는 오늘날의 관점에서 보면 과학적 무지일 수 있는 일이지만, 당시에는 거의 일반화되어 있는 생각이었다. 여섯째로는 여러 대책으로 백성을 구제하는 실이 없다고 한다. 중요한 것은 나라가 기력을 회복하고 백성이 절대 빈곤으로부터 해방되는 것이다. 그런데 잘못된 제도와 법제로 인해 백성들이 불편을 겪고 있고 또 가난에 신음하고 있다는 것이다. 율곡은 이러한 국력의 회복과 민생의 회복을 위해 전반적인 개혁을 해야 한다고 보았다. 이를 위해 다양한 개혁 방안을 수집하고 이를 현실에 반영하여 백성들을 가난과 고통에서 구제해야 하는데도 실제로는 말만 무성할 뿐 실효가 없다는 것이다. 끝으로는 인심이 선을 향하는 실이 없다 하였다. 이는 민심의 교화라는 측면에서 한 말인데, 백성들의 윤리의식을 제고하여, 가정과 사회 그리고 국가가 도덕이성에 기초한 윤리사회를 실현해야 한다는 것이다. 그럼에도 학교 교육이나 교화가 형식에 치우쳐 그 실상이 부족하다는 것이다.

이러한 율곡의 무실적無實的 현실 인식은 크게 세 가지로 평가할 수 있다. 즉 실이 없다는 그 실實의 내용은 하나는 진실성이 부족하다는 것이요, 둘째는 실천성이 부족하다는 것이요, 셋째는 실질 내지 실용성이 부족하다는 말로 해석된다.

율곡은 이러한 무실적無實的 사태를 무실務實로 처방하고자 하였다. 무실務實이란 '실實을 힘쓰자'는 것으로 실實의 추구를 의미한다. 율곡은 「동호문답東湖問答」에서 여러 가지의 무실을 언급하고 있다. 즉 격치지실格致之實, 성의지실誠意之實, 정심지실正心之實, 수신지실修身之實, 효친지실孝親之實, 치가지실治家之實, 용현지실用賢之實, 거간지실去姦之實, 보민지실保民之實, 교화지실敎化之實 등을 말하고 있다. 격치지실이란 『대학』의 격물치지格物致知를 형식적으로 하지 말고 진실로 철저하게 하라는 말이다. 우리의 행위는 먼저 대상에 대한 이해를 필요로한다. 무엇을 하기 전에 먼저 그 일에 대해 알고 이해해야 그행동과 실천이 사리에 어긋나지 않고 올바른 행위가 될 수 있다. 성의지실, 정심지실은 모두 마음공부의 실천과 실질을 강조한 것이다. 뜻을 참되게 하는 것이나 마음을 바르게 하는것은 『대학』이 제시한 마음공부의 중요한 내용이다. 마찬가지로 진실한 태도로 마음공부를 하고 또 실천해야 한다는 말이다. 수신지실은 개인적 수기의 총체적인 표현으로, 건강한몸과 전전한 마음을 갖는 실제적인 노력을 강조한 말이다. 효친지실은 부모를 섬기는 효의 실천을 강조한 말이고, 치가지실은 가정관리의 내실을 말한 것이다. 용현지실은 정치에 있어 인사의 실질을 강조한 것이고, 거간지실은 임금이 간사한자와 진실한 자를 분별할 줄 아는 지혜와 실천을 강조한 것이다. 보민지실은 백성을 보호하는 정치의 실상을 강조한 것으로, 훌륭한 정책을 실현하여 실질적으로 백성들을 편하게 해주고 잘살게 해 주어야 한다는 말이다. 교화지실은 백성들을윤리적으로 교화하는 실천적인 노력을 강조한 것이다. 이러한 율곡의 무실추구는 개인적인 수양에서부터 가정, 사회, 국가에 이르는 전 영역에 걸쳐 적용되고 있다.

율곡은 이와 같이 다양한 형태의 실實의 추구 즉 무실務實을 강조하고 있는데, 이에 담겨 있는 철학정신은 무엇인가? 율곡이 말하고 있는 무실의 '실實'은 대체로 세 가지의 의미를 갖고 있는 것으로 정리된다. 첫째는 진실성이다. 율곡의 무실정신이란 참의 추구, 진실의 추구라고 할 수 있다. 율곡은 가장 근본적인 문제가 인간 주체의 성실성 확보라고 믿었다. 그것은 인간 주체의 진실심의 확보요 참된 자아의 회복이었다. 율곡은 「성학집요」에서 말하기를, "한 마음이 참되지 아니하면 모두 거짓이니 어디를 간들 행할 것이며, 한 마음이 진실로 참되다면 만사가 모두 참이니 무엇을 한들 이루지 못하랴"라고 하였다. 일의 성패, 일의 효과는 인간 주체의 마음이 진실이냐 거짓이냐에 달려 있다.

둘째는 실천성이다. 율곡은 당시 세태를 공리공론이 가득찬 세상이라 진단하였다. 임금으로부터 조정의 신하들이 말만 무성하지 실제로 하는 일이 없으므로 성과도 없다는 것이다. 율곡은 「사간원청면학친현신차司諫院請勉學親賢臣箚」에서

"오호라! 금일 조정에 부족한 것은 실천이지 말이 아니다. 말은 비록 많으나 효과는 아주 작다"고 개탄하였다. 또 「경연일기」에서는 "왕도의 실행은 실공實功에 있지 언어에 있지 않다"고 하여, 왕도의 실현이 이론에 있는 것이 아니라 실천에 있다고 보았다. 예나 지금이나 이론이 무성하고 말은 많은데, 하는 일이 없고 성과가 없는 것은 고질적인 병폐다. 율곡은 이러한 공리공담의 폐해를 직시하고 실천궁행의 풍조를 진작해야 한다고 보았다. 이것이 율곡의 무실정신이다.

셋째는 실용성의 추구라고 할 수 있다. 율곡은 형식과 명분이 중요한 게 아니라 실질적인 내용이 중요하고, 실제적인 성과와 효과가 있어야 한다고 하였다. 그는 「응지논사소應旨論事疏」에서 "요순과 같은 인격이 되기를 원하고 요순과 같은 백성이 되기를 원한다면, 어찌 꽃을 구하면서 열매를 구하지 않을 수 있는가?"라고 하였다. 율곡은 인간 주체의 실심實心과 진실한 노력으로서의 실공實功과 실제적인 성과로서의 실효實效가 하나로 연계되어 있다고 보았다. 즉 실심으로 실공을 통해 실효를 이루어야 한다고 본 것이다. 여기서 실심은 무실의 주체가 되고, 실공은 실효에 이르기 위한 과정이요 방법이고, 실효는 실공을 통해 이루고자 하는 목표요 목적이다.

그런데 진실성과 실천성과 실용성은 하나로 상통된다. 참이라는 도덕성이 결여되어 있는 실천은 공허하고 위험한 것이며, 참이 전제되지 아니하면 참된 성과, 효과를 기대할 수 없다. 그리고 실천은 실심의 결과가 실용이 되기 위한 조건이요 과정이다. 아무리 참된 마음이 있어도 그것이 실천으로 이어지지 않으면 한갓 공염불이요 관념에 지나지 않는다. 실천은 구체적인 결과와 실용을 낳기 위한 필수조건이다. 그리고 실용, 실효란 진실한 마음과 실천이 하나가 된 결과라고 할 수 있다. 무실務實의 실자實字가 나타내는 자의字義로도 이해되는 바 있다. '실實자'는 '참 실'이라고도 하고 '열매 실'이라고 한다. 열매는 참이 전제되지 아니하면 빈 쭉정이가 되고 만다. 참은 도덕적인 실이고 열매는 경제적인 실이다. 진정한 경제는 도덕성을 가져야 하고, 도덕은 경제로 실현될 때 의미가 있다. 그리고 도덕과 경제가 하나가 되는 매개가 곧 실천이다.

율곡의 이러한 무실사상은 이후 조선조 유학에 많은 영향을 미쳤다. 한편으로는 율곡의 직계인 사계 김장생沙溪 金長生, 신독재 김집愼獨齋 金集을 통해 무실 예학풍을 낳았고, 또 다른 한편으로는 지봉 이수광芝峰 李晬光 등 실학자들에게 영향을 미쳤다. 사실 조선조 후기 실학이란 율곡의 무실학풍이 그 기초가 된 것이고, 그 연장선상에 있다고 해도 과언이 아니다. 그러므로 율곡을 조선조 후기 실학의 선구라 일컫는 것이다. 또 율곡의 무실학풍은 윤선거尹宣擧, 윤증尹拯 등에 의해 실심실학으로 계승되었고, 정제두鄭齊斗, 이광사李匡師, 이영익李令翊, 신대우申大羽, 이건창李建昌, 박은식朴殷植 등에 의해 무실사상과 양명학의 접목이 이루어졌다. 또한 한말 도산 안창호島山 安昌浩 등에 의해 무실역행이 강조되고, 민족 독립과 번영의 대안으로 강조되었다.

7
나라를 지키고 백성을 보호하라

율곡은 조선조 많은 유학자 가운데 안보와 국방에 있어 가장 대표적인 전문가였다. 그는 문인이었고 학자였지만, 항상 나라의 안위와 국방의 중요성을 강조하였다. 그는 벼슬에 나아간 지 2년 후인 1566년(명종 21년) 사간원 정언으로 올린 「사간원진시사소司諫院陳時事疏」에서 이미 실호實戶에 의한 군적의 정리와 군사의 정병精兵주의 원칙을 주장하였고, 「진미재오책차陳弭災五策箚」에서도 유능한 인재에 의한 변방의 방비를 말하고 있으며, 「만언봉사萬言封事」에서도 "군정을 개혁하여 내외의 방비를 굳게 해야 한다"고 말하고, 군정의 폐단과 그 대책을 비교적 소상히 밝혔다. 또한 황해도 관찰사로서 올린 「진해서민폐소陳海西民弊疏」에서는 먼 곳에서 경비를 서는 괴로움을 보고하면서, 민중의 입장에서 제도상의 모순 시정과 변방 경비의 내실 방안을 제시하였다. 1583년 니탕개尼湯介의 침입 이후 율곡의 국방에 대한 관심은 더욱 고조되었는데, 그해 2월 율곡은 왕명에 의해 시무6조時務6條를 올렸는데, 그 내용이 거의 국방에 관한 문제였으며, 4월에 올린 「진시사소陳時事疏」에서도 군적軍籍을 고칠 것을 비롯한 4개조의 개혁안을 제시하고 있다. 이어 경연석상에서 10만 양병을 주장하였는데, 이때가 그가 세상을 떠나기 1년 전이었다. 율곡은 1583년(선조 16년) 병조판서 재직 중 경연에서 다음과 같이 말하였다.

국세國勢의 떨치지 못함이 심하니, 10년을 지나지 아니하여 마땅히 멸망의 화가 있을 것입니다. 원컨대 미리 10만의 군사를 양성하여 도성에 2만, 각도에 1만씩을 두어, 군사에게 호세戶稅를 면해 주고 무예武藝를 단련케 하고, 6개월에 나누어 번갈아 도성을 수비하다가 변란이 있을 경우에는 10만을 합하여 지키게 하는 등 완급緩急의 대비를 삼아야 합니다. 그렇지 않으면 하루아침에 변이 일어날 때 백성을 몰아 싸우게 됨을 면치 못할 것이니, 그때는 일이 틀리고 말 것입니다. _『栗谷全書』, 卷34, 附錄2, 「年譜」

이에 서애 유성룡西厓 柳成龍, 1542~1607은 '무사한 때에 군사를 양성함은 화를 기르는 것'이라 함에 다른 경연의 신하들도 이에 동조하였다. 율곡이 유성룡에게 "국세가 떨치지 못함이 오래되었다. 속된 유학자는 본래 시사의 적의성에 통달하지 못하나, 공도 또한 그런 말을 하는가?"라고 하였다 함은 그의 「행장」, 「연보」, 그리고 안방준安邦俊의 「은봉일기隱峰日記」 등에 큰 차이 없이 수록되어 있다. 이러한 율곡의 예언 아닌 예언은 후일 임진왜란으로 입증되었는데, 그것은 율곡의 투철한 역사의식과 정확한 현실 통찰의 당연한 귀결이었다. 그의 소차 도처에서 10년이 못 가 화란이 닥칠 것을 경고한 구절이 반복되고 있음은 결코 우연이 아니다.

임진왜란이 현실로 닥치자 유성룡은 율곡을 성인이라 칭송했고, 후회의 말을 한 것 또한 위 문헌에 잘 나타나 있다. 그뿐만 아니라 율곡은 죽음에 임해서까지 외환을 우려하고 국방대비를 강조했으니, 그의 안보의식을 가히 짐작할 수 있다.

국방 안보에 대한 율곡의 관심은 전쟁에서의 승리를 위한 군사력 증강에 있는 것이 아니라, 이민족의 침략 앞에 민족과 국가를 수호하려는 보국안민의 윤리에 있었다. 아울러 전쟁억지력으로서의 국방의 요청이며, 인간의 생명과 평화를 사랑하는 가치 지향에서의 국방을 말한 것이다. 이것은 바로 유학의 인도정신, 평화주의와 통하는 것이며, 후세 임진, 병자의 난 중에서 그리고 일제의 침략 앞에 민족과 국가를 수호하려 했던 충렬정신으로 계승되었다.

율곡은 여러 상소에서 국방 대비책을 건의하고 있지만, 1583년(선조 16년) 선조의 요청에 의해 올린 「육조계六條啓」는 그의 국방사상을 대변해 주는 대표적인 글이다. 여기서 그는 어진 자와 능력 있는 자를 임용할 것任賢能, 군사와 백성을 양성할 것養軍民, 재용을 넉넉히 할 것足財用, 변방 경비를 굳건히 할 것固藩屛, 전쟁용 말을 준비할 것備戰馬, 교화를 밝힐 것明教化 등 6개조의 국방 대비책을 제시하였다.

율곡은 국방 대비책으로 먼저 인사의 중요성을 강조하였다. 도덕적으로 신망이 있고 군사 분야의 탁월한 전문가를 인재로 써야 한다 하였다. 이는 국방 안보에 있어서도 역시 인사가 만사라는 것을 말해 주는 것이다. 우리는 흔히 덕장, 지장, 용장이라는 말을 하는데, 여기서 덕장은 현자賢者에 속하고 지장과 용장은 능자能者에 해당한다고 볼 수 있다. 훌륭한 지휘관의 확보는 국방 대비의 전제이며 전쟁에서의 승리를 담보하는 중요한 조건이라 할 수 있다.

둘째로 율곡은 군사와 백성을 양성해야 한다고 하였다. 이는 충분한 군사 인력의 확보라는 측면에서 한 말인데, 결국 전쟁은 군인이 하는 것이고 군인은 백성에게서 나오기 때문이다. 따라서 전쟁 가용인력의 확보라는 측면에서 군사와 백성의 양성은 국방의 근본이라 할 것이다.

셋째로 율곡은 재용을 충분히 갖출 것을 말하였다. 이는 국방 안보에 있어서 경제의 중요성을 말한 것이다. 전쟁에서의 힘이란 결국 군사력이고, 군사력은 결국 경제력에서 나오기 때문이다. 율곡이 16세기에 이미 군사 안보에 있어 경제력이 중요하다는 것을 언급한 것은 선각자의 탁견이 아닐 수 없다.

넷째로 율곡은 변방의 경비를 굳건히 해야 한다 하였다. 사방의 작은 읍이 쇠잔하여 퇴폐하지 않은 곳이 없고, 감사의 빈번한 이동으로 행정의 실효가 미치지 못하는 당시의 현실에서 불시의 군사동원은 그 실효를 거두기 어려웠다. 이에 율곡은 쇠하고 퇴폐한 작은 읍을 합쳐서 백성들의 힘을 펴 줄 것과, 감사의 장기 부임과 책임 있는 행정으로 백성을 구하는 실상을 기할 것을 주장하였다. 쇠잔한 소읍의 병합은 민력의 회복과 국가재정의 합리화라는 측면에서 경제적, 군사적 의미가 컸던 것이며, 감사의 빈번한 이동으로 인한 폐단을 지적한 감사구임제監司久任制 또한 율곡의 소차를 통해 누차 강조된 것으로 정치적, 경제적, 군사적 측면에서 매우 중대한 문제였으며, 현실적이고 효율적인 대책이었다.

다섯째로 그는 전마戰馬를 준비할 것을 강조하였다. 율곡은 "저편은 기병이고 우리 편은 보병이라면 어떻게 대적할 수 있겠느냐?"고 하여 전력의 기동성을 중시하였다. 평소 군마의 마부馬簿를 정확히 하고 무예에 능한 자들로 하여금 군마를 양육하도록 하는 동시에, 상벌과 통제를 엄격히 하여 유사시에 대비한 군마 준비에 만전을 기할 것을 주장하였다.

끝으로 율곡은 백성들의 윤리적 교화를 밝힐 것을 주장하였다. 이는 율곡이 국방 안보에 있어 정신 전력의 중요성을 통찰한 것이라 할 수 있는데, 백성들을 윤리적으로 교화함으로써 애국심을 고취하고 충국애민의 윤리를 제고해야 한다고 하였다. 전쟁이란 결국 인간이 하는 것이므로, 내가 왜 싸워야하고 나라를 위해 죽어야 하는가 하는 이유를 깨달아야 하는 것이다. 이러한 율곡의 종합적인 국방 안보 대책은 오늘날 보아도 그 의미가 크고 현대적인 의의도 크다고 생각된다.

다음은 율곡의 문무겸전文武兼全, 문무상보文武相補의 정신에 대해 검토해 보고자 한다. 우리는 문무겸전을 이상으로 삼는다. '문文'은 지식을 쌓아 문화를 창조하고 대안을 제시하며, 도덕과 정의, 예의와 염치를 갖는 데 목적이 있고, '무武'는 용기와 강한 실천성, 결단력과 추진력을 갖추는 동시에 튼튼한 군사력을 갖추어 나라를 지키고 국민의 생명과 안전을 지키

는 데 목적이 있다. 어느 시대 어느 역사에서나 문무의 갈등
과 대립이 있어 왔다. 특히 정치권력과 맞물려 문무의 갈등은
나라와 백성에게 큰 부담이었다. 이러한 문무의 갈등은 피차
의 가치를 존중하지 않는 데에서 출발한다.

멀리 신라의 화랑도는 문무겸전의 인재 양성을 이상으로 삼
았다. 그들은 명산대천을 순례하며 한편으로는 지성과 덕성
을 연마하면서, 다른 한편으로는 무예를 닦아 문무겸전의 인
격을 함양하였다. 가장 발전이 뒤늦고 국력이 쇠약했던 신라
가 삼국을 통일한 요인은 여러 가지가 있지만, 그중의 하나가
화랑도의 역할이었다. 한 나라의 힘은 결국 인재 양성에 있었
기 때문이다. 신라의 문무 인재의 충원을 화랑도가 담당하였
던 것이다.

율곡은 「문무책」에서 문의 가치와 무의 가치를 상보적으로
보고, 문무의 회통을 주장하였다

지극한 문文은 무武가 없을 수 없고, 지극한 무는 문이 없을 수
없습니다. 문에 능하면서 무에 능하지 못하다는 것을 나는 믿지
않습니다. _『栗谷全書』, 拾遺, 卷4, 「文武策」

무에만 치우치고 문에 소홀하면 거칠고 만용이 되기 쉽고, 문에만 치우치고 무에 소홀하면 문약文弱에 흘러 나약함을 면치 못하고 또 관념에 빠지기 쉽다. 지성과 야성을 겸비했을 때 바람직한 인간상이 될 수 있다. 진정한 지성인은 강한 실천성과 용기를 지니는 것이고, 진정한 군인은 냉철한 지성과 교양을 지니는 것이다. 우리가 충무공 이순신 장군을 성웅이라 하여 존경하는 이유가 바로 거기에 있다. 충무공은 용맹한 군인이요 탁월한 군사 전략가였을 뿐만 아니라, 지성과 덕성을 겸비한 장군이었기 때문이다.

우리는 한국 현대사에서 문무의 갈등을 보아왔다. 문을 대표하는 것이 대학문화이고, 무를 대표하는 것이 군사문화라고 할 수 있다. 문의 가치와 무의 가치는 서로 대립한다. 대학문화는 지성을 바탕으로 자유, 다양성을 추구한다. 이에 반해 군사문화는 애국의 가치를 추구하면서 통일성과 나라와 민족을 위한 강한 실천성을 추구한다. 이 두 가치는 어느 하나만 필요한 것이 아니다. 이 두 가치를 상보적으로 이해하는 혜안이 필요하다.

율곡이 사변적인 성리학자였으면서도 다른 한편으로는 나

라와 백성을 위한 우환의식을 결코 잊지 않았으며, 특히 안보와 국방에 특별한 관심을 갖고 이에 대한 대책을 강구했다는 점에서 실천적 지성의 모범을 볼 수 있다.

8
국가의 원기: 사림, 공론, 기강

율곡은 사림을 국가의 원기元氣라 하여 중시하였다. 사림士林은 유학자를 의미하는 말이기도 하지만, 조선조 유교사회의 여론을 주도하고, 언행이 훌륭해 백성들의 존경을 받으며, 나라와 민생에 대한 우환의식을 지녔던 실천적 지식인들을 말한다. 이들은 유교이념으로 철저히 무장하고 요순사회, 대동사회를 희구하였다. 또 유교적 이상사회를 위해 개인의 도덕적 자기완성과 사회적 정의의 실현을 강조하였다. 사림은 조선조의 인물저수지 구실을 하여, 임금이 부르면 나아가 봉사하고 물러나서는 학문과 교육에 종사하였다. 이들의 가치지향이 어떠하냐 하는 것이 시대의 흐름을 선도하고, 또 치자에게 큰 영향을 주었다.

율곡은 "예로부터 나라가 믿고 유지할 바는 사림이니, 사림은 국가에 있어 원기"라 하였다. 사림은 한 나라를 지탱하고 유지하는 버팀목이고 근간이다. 따라서 임금도 마땅히 사림의 존재와 그 위상에 대해 주목하지 않으면 안 된다. 그러면 사림은 어떤 사람인가? 율곡은 사림의 정의를 이렇게 규정한다.

마음으로 고도古道를 사모하고 유학자의 행실을 실천하고 단지 법도에 맞는 말을 하고, 공론公論을 지니는 자를 사림이라 합니다. _『栗谷全書』, 卷3, 「玉堂陳時弊疏」

사림은 유교문화의 지지자요 신봉자로서 유학의 길을 걷는 이를 말한다. 유교를 좋아하고 유교를 공부하고 유교를 실천하는 이가 사림이다. 사림은 말하고 행동하는 것이 유교의 법도에 맞고 시국의 현안에 대해 공론을 담지해야 한다. 유교적 식견과 교양, 유교적 인격을 지니고 시시비비를 올바르게 판단하고 중용의 입장에서 공론을 유지하는 이를 말한다. 율곡은 사림의 역할과 그 중요성에 대해 다음과 같이 말한다.

사림은 국가의 원기이니, 사림이 융성해서 화합하면 그 나라가
다스려지고, 사림이 부딪쳐서 나뉘어지면 그 나라는 어지럽고,
사림이 무너져 다하면 그 나라는 망합니다. _『栗谷全書』, 卷7,「辭
大司諫兼陳洗滌東西疏」

이처럼 사림은 나라의 원기로서 사림이 융성해서 화목하면
그 나라가 잘 다스려지고, 사림들이 서로 반목해서 분열되면
그 나라는 혼란에 빠지게 되고, 만약 사림이 무너져 없어지게
되면 그 나라는 망하게 된다 하였다. 결국 국가의 흥망성쇠가
사림에 달려 있다는 말이다. 사림의 역할이 얼마나 중요한가
를 잘 말해준다.

마찬가지로 율곡은 "사림이 조정에 있어서 사업을 베풀면
나라가 다스려지고, 사림이 조정에 없어서 공언空言에 붙여지
면 나라가 어지러워진다"고 하였다. 사림은 한편 나라와 백성
을 위해 공직에 참여하여 봉사해야 한다. 임금이 부르면 나아
가 조정에서 국사를 도모해야 하고, 물러나서는 공론의 주체

가 되어 여론을 선도해야 하는 것이다.

율곡은 "사림의 화가 어떤 시대고 없었던 것은 아니지만, 기묘, 을사사화 때처럼 참혹했던 때는 없었다"고 평가한다. 이것은 기묘사화와 을사사화에서 사림이 당한 피해의 심각성을 말하고 있는 것이다. 기묘사화 때 조광조를 위시한 김식金湜, 김정金淨, 한충韓忠, 기준奇遵 등 장래가 촉망되는 수많은 젊은 사림들이 희생되었고, 을사사화 때도 유인숙柳仁淑, 유관柳灌, 송인수宋麟壽 등 많은 사림들이 조정에서 축출되고 유배당하고 죽임을 당했던 것이다.

오늘날 현대사회에 있어서도 지성인의 역할은 매우 중요하다. 지성인은 자신의 전문적 식견을 나라와 국민을 위해 봉사하고, 또 다른 한편으로는 공정한 여론을 선도하는 데 모범이 되어야 한다.

또한 공론은 율곡에 의해 다음과 같이 국가의 원기로 규정된다.

공론은 나라의 원기이니, 공론이 조정에 있으면 그 나라가 다스려지고, 공론이 민간에 있으면 그 나라가 어지럽고, 만약 위아

래가 모두 공론이 없으면 그 나라는 망하고 맙니다. _『栗谷全書』,

卷7,「代白參贊疏」

　공론은 사림처럼 나라의 원기로서 중요한 것이다. 공론이
조정에 있으면 그 나라는 잘 다스려지고, 공론이 민간에 있으
면 그 나라가 혼란해지고, 만약 공론이 조정에도 없고 민간에
도 없으면 그 나라는 망하게 된다 하였다. 공론은 건전한 여
론으로 조정에서 주도되어 백성을 위해 실현되어야 한다. 그
렇지 못하고 공론이 재야에서 이리저리 떠돌아다니게 되면
민심이 흉흉해지고 국론이 분열되게 된다. 더욱이 공론이 조
정에도 없고 민간에도 아예 없게 되면 정치적 위기요 국가적
위기가 된다는 것이다.

　그런데 율곡은 이 공론을 '인심이 한가지로 그런 바'라 하
고, 공론이 존재하는 곳에 국시가 세워진다 하였다. 공론은
인간의 보편적 마음이다. 나이, 직업, 신분, 성별을 떠나 인간
이면 누구나 갖는 보편적 인심이 곧 공론이라 하였다. 그러므
로 공론은 논리로써 세워지는 것도 아니고 물질적 유혹으로
형성되는 것도 아니고 위협이나 강제로 만들어지는 것도 아

니라 하였다. 인간의 자발적인 동의가 곧 공론이라 하였다. 그래서 율곡은 "공론은 국인으로부터 나오니 막을 수 없는 것인즉, 여론에 따르면 국시가 정립된다"고 하였다. 여기서 공론은 국시의 원천이 되고 나라의 원기로 중시되는 것이다.

또한 율곡은 기강을 나라의 원기라 하여 중시하였다. 율곡에 의하면 기강은 나라의 명맥으로 기강이 정돈되어 있으면 모든 일이 저절로 다스려지고, 기강이 문란하면 온갖 법도가 다 무너지게 된다. 율곡이 기강을 한 나라의 명맥이요 원기라고 본 것은 주목할 만하다. 우리가 흔히 내우외환이라 하는데, 나라는 외적의 침략만으로 망하는 것이 아니다. 나라의 기강이 해이하고 기강이 무너지면 모든 법제와 명령이 제 구실을 할 수가 없다. 율곡은 기강의 문제를 호연지기浩然之氣와 연관하여 다음과 같이 설명하고 있다.

기강은 국가의 원기이니, 기강이 서지 아니하면 만사가 무너지고, 원기가 군건하지 않으면 온몸의 뼈가 풀려 늘어집니다. 지금 의논하는 자들이 입만 열면 기강을 마땅히 세워야 한다고 말하는데, 아직 그 요령을 듣지 못했습니다. 대개 정치를 함에 능히 기강을 세우는 것은, 마치 학자가 의義를 모아 호연지기浩然之氣를 생기게 하는 것과 같으니, 어찌 한 명령의 바름을 얻고 한 가지 일의 마땅함을 얻어서 갑자기 그 효과를 보겠습니까? … 금일 법이 행해지지 않고 법이 이루어지지 않는 것은 모두 기강이 세워지지 않음에서 말미암는 것입니다. _『栗谷全書』, 卷25, 「聖學輯要7」

이처럼 기강의 해이는 나라의 위기로 이어지고 공동체의 안전을 위협하게 되며, 이는 마치 원기가 부족하면 온몸이 축 늘어지고 건강이 위협을 받는 것과 같다고 보았다. 그러므로 나라의 기강을 세우는 것은 갑자기 되는 것이 아니라, 올바른 정사, 정당한 행정이 하루하루 쌓일 때 가능하다 하였다. 마치 호연지기의 기름이 갑자기 되는 것이 아니라 하루하루 정의로운 생각과 행동이 누적되어 이루어지는 것과 같다고 보았다. 그는 「경연일기」에서 "공평 정대한 마음으로 정사를 베풀어, 금일 하나의 선정善政을 행하고, 내일 하나의 선정을 행하고, 곧은 자를 들어 굽은 자 위에 두고, 공에는 반드시 상을 주고 죄에는 반드시 형벌을 주면 기강이 세워진다"고 하였다.

치자의 공정한 마음은 기강 확립의 대전제다. 치자가 사심에 치우치면 기강은 무너진다. 율곡은 치자가 공평 정대한 마음으로 인사를 공평하게 하고 상벌을 공평하게 할 때 기강이 확실히 세워진다 하였다.

또한 「옥당진시폐소玉堂陳時弊疏」에서는 "기강의 정립은 위력으로써 겁을 주거나 법으로써 몰아세우는 데 있는 것이 아니라, 관리의 등용과 좌천을 합당하게 하고, 상과 벌을 반드시 진실하게 하는 데 달려 있을 따름이라"고 하였다. 우리는 기강의 확립이 국가권력의 강제에 의한 것이라고 오해하기 쉽다. 정치권력의 자의에 의한 강화, 정치권력의 군림이 곧 기강의 확립이라고 오해할 수 있다. 여기서 중요한 것이 바로 정의의 질서를 확립하는 것이 곧 기강의 확립이라는 점이다. 따라서 치자의 공정한 마음, 치자의 맑고 밝은 마음의 확보는 기강확립을 위한 근본조건이라고 할 수 있다. 율곡은 「만언봉사」에서 이에 관해 다음과 같이 설명한다.

만약 사심私心을 털끝만큼이라도 제거하지 못하면, 요순堯舜의 도에 들어가기 어렵습니다. … 임금이 엄하지 아니함을 근심하지 말고, 공평하지 못함을 근심해야 합니다. 공평하면 밝고, 밝으면 그 속에 위엄이 있습니다. _『栗谷全書』, 卷5, 「萬言封事」

임금이 조금이라도 사사로운 마음을 가지고 있으면 요순의 도를 실현할 수 없다는 것이다. 유교가 추구하는 이상정치로서의 요순시대는 치자의 공심公心이 전제되어야 한다는 말이다. 율곡은 임금이 엄하지 아니함을 근심하지 말고, 공평하지 못함을 근심해야 한다고 한다. 왜냐하면 공평하면 밝고 밝으면 그 속에 자연히 위엄이 있게 마련이기 때문이다. 이른바 권력의 권위란 무섭고 두려운 데서 나오는 것이 아니고 공평한 마음으로 공정한 정치를 할 때 저절로 생긴다는 것이다.

율곡이 사림, 공론, 기강을 모두 국가의 원기라고 규정한 것은 유의해 볼 대목이다. 이는 사림, 공론, 기강이 국가의 흥망성쇠와 치란을 좌우할 중대한 요소라는 점을 강조한 것이다. 사림은 공론의 주체일 뿐만 아니라 기강확립의 주체이기도 하다. 사림은 임금을 도와 나라와 백성에게 봉사하는 데 그 역할이 있다. 사림은 자신의 학문과 전문적 능력을 정치와 행정을 통해 이바지하고, 다른 한편으로는 치자의 부정과 불의 그리고 탈선에 대해 이를 비판하고 바로잡는 역할을 한다. 아울러 사림은 건전한 공론 형성의 주체로서 임금과 백성을 소통케 하는 중간자적 역할도 한다. 그것이 상소의 형식으로도 나타나고 간쟁의 형식이나 경연에서의 비판과 충고로도 나타난다. 이러한 사림의 역할은 유교정치의 성패를 좌우하는 중요한 의미를 갖는다 하겠다.

9
백성은 지극히 어리석으나 신과 같다

율곡에게 있어 '민民'은 무엇인가? 율곡이 살던 시대는 말할 나위 없이 봉건 왕조시대요 임금의 세습과 신분적 차별, 남녀의 차별이 극심했던 시대였다. 그럼에도 불구하고 깨어 있는 선각자들은 피치자인 백성에 대해 많은 고민을 한 흔적이 보인다. 유교정치학이 백성을 근본으로 삼고 백성을 정치의 목적으로 삼는 민본民本, 위민爲民의 정치를 표방한다는 것은 다

아는 사실이다. 율곡에게 있어서도 민은 단순히 정치적 시혜의 대상이 아니라 정치의 주체로서 인식되고 있다. 그는 「성학집요」에서 "임금은 나라에 의존하고 나라는 백성에 의존한다" 하고, "임금은 백성으로써 하늘을 삼고, 백성은 먹는 것으로써 하늘을 삼는다"고 하였다. 또 「의진시폐소擬陳時弊疏」에서는 "백성은 먹는 것에 의존하고, 나라는 백성에 의존한다" 하고, "먹을 것이 없으면 백성이 없고, 백성이 없으면 나라도 없다"고 하였다. 이처럼 백성은 임금이나 나라에 앞서 중요한 존재로 인식되었는데, 이러한 율곡의 견해는 『맹자』의 "백성이 귀하고, 나라가 그다음이고, 임금이 가볍다"는 말에서 연유한 것이다. 비록 백성이 임금이 될 수 없고 임금을 바꿀 제도적 장치는 없었지만, 백성은 적어도 정치의 목적적 가치로 가장 중시되었다.

특히 율곡은 「사대사간겸진세척동서소辭大司諫兼陳洗滌東西疏」에서 국시國是란 한 나라 사람들이 꾀하지 아니하고도 한가지로 옳다고 하는 것이라 하였고, 「옥당논을사위훈차玉堂論乙巳僞勳箚」에서는 공론公論의 발생은 국인으로부터 나온다고 하였다. 율곡에 의하면 국시는 공론에서 나오고, 공론은 인심의 보편성에 근거하는 것으로 국인으로부터 나온다. 이는 현대 민주국가가 모든 권력은 국민으로부터 나온다는 주권재민主權在民을 기본으로 삼는 것과 다르지 않다. 한 나라의 국시나 법이 결국 국인의 동의에 근거한다는 말이다. 율곡은 공론은 막을 수 없는 것이고 이 공론에 따라서 국시가 정해진다고 하였다. 물론 이 공론의 형성을 위해 언로言路의 개방이 반드시 필요한 것임은 두말 할 필요가 없다. 오늘날 현대사회는 언론자유를 민주정치의 근간으로 삼고 있다. 율곡은 4백여 년 전「진미재오책차陳弭災五策箚」에서 "말 길이 열리느냐 닫히느냐에 따라 국가의 흥망이 달려 있다" 하였다. 또「간원진시사소諫院陳時事疏」에서는 "비록 그 말한 바가 거칠고 조리가 없고 또 듣기 싫은 말이라도 그것을 처벌해서는 안 된다"고 하였다. 율곡이 생각하는 언론자유의 폭과 깊이를 잘 알 수 있다.

율곡은「성학집요」에서 "이 백성은 지극히 어리석으나 신과 같으니, 어찌 구설로써 상대를 속일 수 있느냐"고 하였다. 민초는 겉으로 보면 어리석고 바보 같지만 신과 같고 하늘과 같다. 우리는 이 율곡의 말에서 '민民'에 대한 인식이 어떠하였는가를 잘 알 수 있다.

이런 관점에서 율곡의 개혁론도 민에 초점이 맞추어져 있다. 그가 개혁을 주장하는 목적이 바로 백성의 편리에 있고, 또 잘못된 법과 제도로 인해 당하는 백성들의 고통을 해결하는 데 있었다. 그는 주변사람들이 그를 가리켜 경장更張을 좋아하는 사람이라고 비웃는 데 대해, '내가 경장을 좋아하는 것이 아니라 백성의 아픔을 구하고자 함'이라 하였다. 또 '읍을 설치하고 관리를 두는 것도 다만 목민牧民을 위함'이라 하였다. 이는 행정의 존재 이유가 다른 데 있는 것이 아니라 민생에 있다는 말이다.

율곡은 「시폐칠조책時弊七條策」에서 "진실로 나라에 편안하고 백성에게 이로우면 모두가 할 수 있는 일이요, 진실로 그 나라에 편안할 수 없고 그 백성을 보호할 수 없으면 모두가 할 수 없는 일이라" 하였다. 이는 정치나 행정의 정당성을 '나라와 백성'을 척도로 삼고 있음을 분명히 한 것이다. 무엇이 해야 할 일이고 무엇이 해서는 안 될 일인가? 국가의 편안함과 백성의 안녕에 도움이 된다면 그것은 해야 할 일이고, 반대로 국가를 위태롭게 하고 백성을 보호하지 못한다면 그것은 해서는 안 될 일이다. 이런 논리에서 율곡은 친우 성혼成渾에게 답한 글에서, '나라에 이로우면 옳은 것이고, 나라에 해로우면 그른 것'이라 하였다. 옳고 그름의 척도가 국가와 백성에 있는 것이다.

이러한 애민의식에 근거하여 율곡은 왕실의 예산을 줄여 백성들의 힘을 펴주어야 한다고 주장하기도 하고, 당시 천대받던 서얼들의 벼슬길을 열어주어야 한다고 하는가 하면, 천민과 노비의 신분 상승을 주장하기도 하였다. 율곡의 이러한 노비, 천민, 서얼 등 불우계층에 대한 적극적인 관심은 모든 사람은 평등하다는 만인평등의 인간관과 백성을 하늘처럼 보는 그의 인간관에서 비롯된 것이다. 비록 엄격한 신분질서와 봉건체제라는 시대적 제약은 있었지만, 하늘처럼 소중하게 보아온 그의 인간관, 백성관은 시대를 뛰어넘는 근대정신이며, 나아가 백성을 정치권력의 근거로 인식하고 백성을 정치의 목적적 존재로까지 본 율곡의 민에 대한 인식은 현대적으로도 중요한 의미가 있다.

5

율곡의 학문적 특징

1
주자학을 계승하면서 새롭게 창신하다

조선의 성리학이 송대 성리학에 바탕을 두고 있다는 것은 새로운 얘기가 아니다. 여말에 전래된 성리학이 조선의 건국 이념으로 채택되면서 조선조 5백 년 동안 성리학은 한 시대를 주도했다. 임금으로부터 시골 구석의 촌부에 이르기까지 누구나 유교를 알아야 했고, 정치, 경제, 교육, 문화 등 모든 분야가 유교의 영향을 받았다. 조선조의 수많은 유학자들은 주자학을 존신尊信했다. 주자에 대한 존경과 흠모도 거의 종교적 수준이었다. 그러므로 조선성리학이 송대 성리학의 답습이라고 볼 수도 있지만, 반드시 그런 것만은 아니다.

율곡은 분명히 주자학도이다. 주자 성리학의 충실한 계승자라고 할 수 있다. 혹자는 퇴계를 가리켜 주자의 충실한 계승자라고 하지만, 오히려 율곡이 주자의 충실한 계승자라고 할 수 있다. 이기이원의 존재관, 기질지성 중심의 심성론, 천인합일의 세계관이 그렇다. 분명 주자는 위대한 철학자다. 철학적 폭과 깊이, 정교한 논리, 다양한 방법론 등 유교철학을 집대성한 그의 면모가 유감없이 드러나 있다. 퇴계만 하더라도 주리主理의 입장에서 이理를 절대시하고 이理의 발용을 주장하는가 하면, 이理와 기氣의 구별을 강조한 것은 주자와는 구별되는 점이다.

이에 반해 율곡은 주자의 이기이원理氣二元의 존재관을 철저히 계승하였다. 본체세계에서도 이理와 기는 함께 있어야 하고, 현상세계에서도 이理와 기는 함께 있어야 한다. 퇴계처럼 기 없는 이理의 존재를 인정하지 않았다. 아울러 인간의 심성론에서도 이理와 기의 묘합을 전제로 한 이론을 펼치고 있다. 즉 퇴계처럼 이상적인 본연지성을 추구하는 것이 아니라, 현실적인 지평에서 인간을 이해하고 기질지성을 중심으로 설명하였다. 퇴계가 천부적인 본연의 성을 잘 지켜 나가기 위해서 기와의 협잡을 결단코 부정했다면, 율곡은 인간의 마음이나 감정 그리고 본성이 모두 이理와 기로 되었으므로, 문제는 기질을 어떻게 다스리느냐에 관심을 집중했던 것이다.

율곡이 주자학을 충실히 계승하면서도 어느 일면에서는 창신創新의 업적을 이룩했다는 것은 무슨 의미인가? 예를 들면 이기理氣의 개념이나 성격의 규정에 있어서도 율곡의 설명은 주자보다 훨씬 정밀하고 진전된 것이다. 주자가 이미 이기의 개념을 규정한 바 있지만, 율곡에 의해서 보다 정밀하게 다듬어졌다. 특히 이理와 기를 상보적으로 인식하고 이를 철저화한 것은 율곡의 공헌이다. 또 이통기국理通氣局의 논리를 펼치면서 이理의 무형無形을 시간적으로 선후가 없고 공간적으로 이합離合이 없는 것으로, 기의 유형有形을 시간적으로 선후가 있고 공간적으로 이합이 있는 것으로 설명한 것 또한 율곡의 철학적 깊이를 잘 보여준 것이다. 특히 이통기국을 통해 정이천이나 주자의 이일분수理—分殊를 확장시켜 논리를 계발하고, 이일분수와 기일분수氣—分殊, 이기지묘理氣之妙를 하나로 융섭하여 입체적인 논리를 정립한 것은 율곡 성리학의 창신이라 할 수 있다. 주자에게서 산발적으로 언급한 이론들을 종합해 이理의 체용논리와 기의 체용논리를 아우르고, 다시 이理와 기의 격단隔斷을 유의하면서 이기지묘의 논리로 입체화한 것은 율곡의 새로운 창신이라 해도 좋다. 또한 율곡의 기발이승일도설氣發理乘—途說이나 이기지묘理氣之妙의 사상도 이기이원의 존재론을 정리한 율곡표 성리설이라는 점에서

의미가 크다.

2
열린 마음으로 학문을 하다

율곡은 퇴계와는 달리 개방된 학풍을 지니고 있었다. 퇴계가 순정한 주자학의 계승이라는 사명에 충실했다면, 율곡은 보다 열린 마음으로 학문을 했다. 율곡은 16살에 존경하는 어머니 신사임당을 여의고 3년 상을 마친 후 금강산에 들어가 1년여 동안 불교에 침잠하였다. 많은 불교서적을 읽고 스님들과 대화하며 불교를 공부했다. 그의 시와 글 속에는 불교적인 자취가 보인다. 특히 그의 철학이 답답하지 아니하고 툭 트인 회통의 경지를 보여주는 것은 불교적 영향이 없지 않다. 그리고 그의 이기론이 철저하게 상보적 논리로 전개된 것도 불교적 영향이 아닌가 짐작된다.

또한 율곡은 노자, 장자의 도가철학에도 조예가 깊었다.

1974년 류칠로柳七魯 교수에 의해 서울대 규장각에서 발견된 『순언醇言』은 율곡이 노자의 『도덕경道德經』 가운데 유교와 가까운 2,098언을 취해 유교적 입장에서 해석하고 견해를 붙인 글이다. 당시 보수적인 분위기에서 율곡이 노자의 『도덕경』을 해석하고 긍정적으로 평가한 것은 이채로운 일이다.

또 그가 쓴 「이일분수부理一分殊賦」에는 노자의 '탁략橐籥'이라는 말이 나오고, 「역수책易數策」에서는 '자연'이라는 용어가 보이며, 「천도책天道策」에서는 장자적 표현이 보인다. 이처럼 율곡은 비록 유학을 하면서도 도가에도 관심을 갖고 열린 마음으로 학문을 했음을 알 수 있다.

또 퇴계는 양명학을 용납하지 않았지만, 율곡은 「학부통변발學蔀通辨跋」에서 양명학을 무조건 반대하지 않고, 그 공을 취하고 허물은 생략하는 것이 충후한 도리라 하였다. 또 중국사신 황홍헌黃洪憲이 조선에 와서 조선의 학풍을 알아보기 위해 『논어』의 '극기복례克己復禮'에 관해 묻자, 영접사였던 율곡은 "사람이 모두 이 본심을 갖추지 않은 이가 없지만, 어질지 못한 까닭은 사욕私欲이 은폐하는 데 말미암은 것이다. 사욕을 제거하고자 하면 모름지기 몸과 마음을 가다듬어 한결같이 예禮를 따른 후에야 자기를 이길 수 있고 예로 돌아갈 수 있다"고 하였다. 율곡은 여기서 양명학의 '본심'과 주자학의 '예절'을 적절히 조화시킴으로써 중국의 양명학자를 만족시켰던 것이다.

또한 화담 서경덕의 기학氣學에 대해서도 퇴계는 지나치게 평가절하하고 있지만, 율곡은 높이 평가하고 있다. 율곡에 의하면 화담은 독창의 맛이 있고 이理와 기가 오묘하게 합해 있는 경지를 통찰했다고 평가한다. 다만 그가 남보다 지나치게 총명해 중후한 맛이 부족하고 기를 이理로 잘못 알고 있다고 평가하였다.

이와 같이 율곡은 성리학자였지만, 열린 마음으로 불교를 이해하고 도가를 이해하고 양명학을 이해하였다. 또 화담의 기학에 대해서도 그 장점과 단점을 균형 있게 보려고 노력하였다. 이러한 율곡의 개방된 학풍은 이후 전개된 기호학파 내지 율곡학파의 학풍 형성에도 많은 영향을 미쳤다. 영남유학 내지 퇴계학파가 주리를 고수하고 순정한 성리학을 지킨 것과는 달리, 기호학파는 성리학, 예학, 실학, 양명학, 의리학, 인물성동이론人物性同異論 등 다양한 색깔로 전개되었다. 우암 송시열에게서 볼 수 있듯이, 윤휴, 박세당 등을 사문난적斯文亂賊으로 몰아 보수적 입장을 취하고 이념적 경직성을 보여준 것은 율곡의 철학정신과는 다른 것이다. 물론 율곡학파 직계가 율곡철학의 정통성을 지키고자 했던 것은 퇴계학파의 도전에 대한 부득이한 대응이 아닐 수 없었다고 이해된다.

3
도학의 잣대로 역사를 보다

'도학道學'이란 유학을 일컫기도 하고 성리학을 말하기도 한다. 오늘날 철학이란 말은 유학의 입장에서 보면 도학이라 대체하는 것이 훨씬 낫다. 우리나라의 경우 15세기를 특별히 도학시대라 하고, 도학풍의 유학이 성행하였다. 16세기 전반 반세기 동안 계속된 4대 사화는 수많은 유학자들을 희생시켰고 탄압하였다. 또 정의와 진리를 왜곡하고 폭력과 불의가 정치를 주도하였다. 이러한 비정상적인 상황에서 양심적 지식인들의 저항이 이어지고 유학 본래의 도학정치를 추구하게 되었으니, 그 대표적 인물이 정암 조광조靜庵 趙光祖였다. 그는 30대 초반에 정치에 참여하여 중종의 총애를 받았고, 연산시대의 비리를 척결하고 개혁을 통해 이상적 왕도정치를 실현하고자 하였다.

그러나 중종의 조광조에 대한 미움과 훈구세력의 저항과 모략으로 1519년 조광조를 비롯한 젊은 소장파 유학자들은 죽임을 당하고 유배를 당하였다. 이를 기묘사화라 한다. 또한 1545년에는 인종의 외숙 윤임과 명종의 외숙 윤원형 간의 대립으로 사화가 일어나 유인숙柳仁淑, 유관柳寬, 송인수宋麟壽 등 많은 유학자들이 희생을 당했으니 이를 을사사화라 한다. 이러한 사화시대는 많은 유학자들을 희생시켰고, 시대정신의 왜곡을 가져왔다.

15세기 도학시대의 학풍은 유교 본래의 정신으로 돌아가 예의와 윤리에 충실하는 것이었다. 말과 이론이 아니라 유학의 본래성을 몸소 실천하는 데 목적이 있었다. 그러므로 그들은 『소학』을 중시하여 전국의 서당마다 학생들이 『소학』을 들고 다녀 베스트셀러가 되었다. 기초윤리를 중시하고 소학적 실천을 강조한 데 특징이 있다. 특히 생사의 기로에서 정의와 불의를 구별하고 선악을 결단하는 사생취의舍生取義, 살신성인 殺身成仁의 실천이 중시되었다. 이러한 도학풍은 자연히 개인 적 수기를 중시하게 되고, 내면의 충실을 기하는 동시에 나라 와 백성에 대한 우환의식을 요청하는 것이었다.

율곡에게 있어 도학적 잣대는 매우 중요한 의미를 갖는다. 아마도 우리나라에서 도학의 이론을 체계적으로 설파한 이 는 율곡이 처음이자 대표적이라 할 수 있다. 율곡은 말하기를, "도학이란 격물치지格物致知로써 선을 밝히고 성의정심誠意正心 으로써 그 몸을 닦아, 몸에 쌓아서는 천덕天德이 되고 이를 정 치에 베풀면 왕도王道가 된다" 하였다. 이는 유학을 곧 도학이 라 본 것인데, 지행을 통해 완성된 인격을 이루고, 이 인격으 로 정치를 하면 왕도가 실현될 수 있다는 것이다.

율곡은 또 진유眞儒를 '도학지사道學之士'라 하고, "진유란 조 정에 나아가면 일시에 도를 행하여 백성으로 하여금 태평을 누리게 하고, 관직에서 물러가면 가르침을 만세에 베풀어 배 우는 이로 하여금 깊은 잠에서 깨어나게 하는 것이라" 하였 다. "만약 나아가 도를 행함이 없고 물러나 가르침을 베풂이 없다고 하면, 비록 진유라 해도 나는 믿지 않는다"고 하였다.

여기서 도학은 일면 현실정치에 적극 참여하여 나라와 백성을 위해 봉사하는 것이며, 다른 한편 물러나서는 교육과 교화를 통해 만대 후세에 교훈을 남기고 정신적 교화를 주는 것이다. 즉 도학지사로서의 진유란 진퇴에 따라 그 처세가 다른 것인데, 벼슬이 주어지면 정치를 통해 나라와 백성을 위해 일해야 하고, 물러나서는 학자로서, 교육자로서 후학을 가르치고 정신적 모범이 되는 것이다. 이와 같이 율곡은 도학을 곧 유학으로 보고, 수기와 치인의 양면을 아울러야 하며 현실정치에 참여하거나 재야에 있거나 나라와 백성에 대한 우환의식을 가져야 한다고 보았다.

이런 도학적 입장에서 율곡은 선유 가운데 정암 조광조靜庵趙光祖, 1482~1519를 가장 존경하고 흠모하였다. 그는 정암을 우리나라 도학의 창시자로 규정하고, 그에게서 도학자의 모범을 볼 수 있다고 칭찬하였다. 이와는 달리 퇴계가 가장 존경했던 회재 이언적晦齋 李彦迪, 1491~1553에 대해서는 학문이 밝고 저술이 많은 공로는 인정하면서도, 그가 경세의 자질이 부족하고 을사사화 때의 처신을 문제 삼아 도학자로서 부족하다고 평가하였다. 이러한 율곡의 잣대는 매우 중요한 의미를 갖는다. 도학은 단순히 성리학에 능한 것만으로는 부족하다고 보는 것이며, 경세를 함께 겸비해야 하고, 또한 의리를 실천하고 모범이 되어야 한다는 것을 말해준다. 이는 유학 본래의 정신을 다시 환기시키는 의미가 있지만, 지나치게 관념적이고 사변적인 유학의 행태나 처사적 수기에 매몰된 그릇된 도학풍에 대한 반성의 의미를 담고 있는 것이다.

6

율곡의 자리매김

1
기호학파를 열다

 율곡은 한국유학사에서 어떤 위치에 있나? 그것은 한마디로 퇴계와 더불어 쌍벽을 이룬다는 점에서 그 위상을 짐작할수 있다. 우리는 흔히 '퇴율철학'이라 부를 만큼 율곡은 퇴계와 더불어 조선유학을 대표하는 위치에 있다. 현상윤은 그의 『조선유학사』에서 율곡을 화담 서경덕花潭 徐敬德, 1489~1546, 퇴계 이황退溪 李滉, 1501~1570, 녹문 임성주鹿門 任聖周, 1711~1788, 한주 이진상寒洲 李震相, 1818~1886, 노사 기정진蘆沙 奇正鎭, 1798~1876과 함께 '조선성리학의 6대가'로 평가하였다. 그만큼 율곡의 학문적 위상은 조선 유학을 대표하는 위치에 있다.

 우리나라 유학은 크게 기호유학과 영남유학의 양대 산맥으로 형성 전개되었다. 흔히 영남학파, 기호학파라고 부른다. 또 달리 퇴계학파, 율곡학파라고도 부른다. 물론 영남유학도 퇴계학파 외에 남명 조식南冥 曹植, 1501~1572을 중심으로 한 남명학파의 실재를 인정해야 하고, 기호유학도 율곡학파 말고도 우계 성혼牛溪 成渾, 1535~1598을 중심으로 한 우계학파의 존재를 인정하지 않을 수 없지만, 양대 학파는 조선 유학의 큰 줄기라고 할 수 있다.

퇴계는 16세기 명종, 선조시대를 대표하는 석학이었다. 학문이나 인품에 있어 존경을 받았고, 임금의 신망 또한 높았다. 이러한 퇴계와 당당하게 성리 논변을 벌인 이가 바로 고봉 기대승高峰 奇大升, 1527~1572이다. 이때 퇴계는 58세, 고봉은 32세의 젊은 소장학자였다. 총명했던 고봉은 원로 대학자 퇴계를 곤란하게까지 몰아붙였다. 결국 퇴계는 고봉의 비판을 겸허히 수용하여 자신의 학설을 수정하고 이를 만년 정론으로 삼았으니, 이것이 퇴계의 이기호발설理氣互發說이다.

그 후 율곡은 도우道友 성혼과 성리논변을 벌이게 된다. 이는 성혼이 퇴계의 성리설을 믿고 율곡의 주장에 이의를 제기한 데서 출발한다. 여기에는 여러 가지 논의의 주제가 있지만, 특히 퇴계가 이理도 발하고 기도 발한다고 한 호발설이 문제가 되었다. 율곡은 성리학의 일반론에 입각해 형이상자인 이理의 발용을 주장하는 퇴계의 주장에 동의할 수 없었다. 기가 발용한다는 것은 당연하지만, 어떻게 이理가 언제 어디서나 발용한단 말인가? 율곡은 기의 발용만을 인정하고 이理의 발용을 결단코 인정하지 않았다. 그리고 만약 주자도 그렇게 말했다면 주자가 아니라고 극언하였다. 또 기는 발용하는 것이고, 이理는 결단코 발용하지 않으며, 이理는 발용하는 기의 원인이 되고, 주재, 표준이 된다는 것은 성인이 다시 태어나 무슨 말을 해도 결코 바꿀 수 없다고 단언하였다. 이러한 율곡의 생각이 기발이승일도설氣發理乘一途說로 제시된 것이다. 즉 이 세상의 모든 존재는 발용하는 기氣 위에 이理가 올라타 있는 모습이라고 형언하였다. '기발이승氣發理乘'은 그의 존재양태에 대한 명확한 답변이요 확신에 찬 주장이다. 그것은 눈에 보이는 현상계는 물론 비물질적 존재인 인간의 마음, 본성, 감정, 의지도 마찬가지라는 것이다. 그래서 율곡은 퇴계처럼 사단은 '이理가 발용함에 기가 따르는 것理發而氣隨之'이고, 칠정은 '기가 발용함에 이理가 탄 것氣發而理乘之'이라 보지 않고, 사단이나 칠정이나 모두가 발용하는 기 위에 이理가 올라타 있는 것이 존재의 참모습이라 보았다. 사단, 칠정이 각기 다른 존재구조를 가지고 있는 것이 아니라, 사단이나 칠정이 모두 같은 정으로서 기발이승 하나의 존재구조를 가지고 있다고 보았다.

이러한 율곡의 기발이승일도설은 율곡 이후 기호학파 내지 율곡학파의 정체성으로 굳어졌고, 이기호발설은 영남학파 내지 퇴계학파의 정체성으로 규정되었다. 물론 율곡의 퇴계설에 대한 이해나 비판이 과연 옳았느냐 하는 문제는 남는다. 많은 학자들이 말하는 대로 퇴계가 언표한 '사단 이발이기수지', '칠정 기발이리승지'는 인간의 심성세계를 설명한 것이고, 또 이발理發의 '발發'도 실제적인 발용이나 작용을 의미하는 것이 아니고, 도덕이성의 주재성이나 주도성을 가리켜 말한 것이라고 볼 수 있기 때문이다.

그러나 이러한 설명은 궁색한 측면이 없지 않고, 동일한 문장에서 기발의 발과 이발의 발이 다르다고 이해하는 것은 수긍하기 어려운 것이다. 또 퇴계의 이 진술이 퇴계의 존재론적 형식에 대한 모순을 고봉이 비판한 데 대한 대안으로 수정해 나온 것이라는 점에서도 납득하기 어려운 측면이 있다. 중요한 것은 퇴계의 이기호발설이 영남학파 내지 퇴계학파의 정체성으로 규정되어 왔고, 율곡의 기발이승일도설이 기호학파 내지 율곡학파의 정체성으로 규정되어 왔다는 점이다.

또 감정론에 있어서도 퇴계는 사단이라는 도덕적 감정을 중시하여 칠정이라는 일반적 감정과 엄격히 구별해 보려고 한 반면, 율곡은 칠정을 인간 감정의 전체로 보고, 그 속에서 도덕 감정으로서의 사단을 이해했다는 점이다. 그리고 그 이면에는 퇴계가 인간학의 측면에서 성리학을 이해하고, 천부적 본성의 존양을 위해 이理의 가치적 우위성을 강조했다는 점이다.

이에 대해 율곡은 인간과 자연을 동일한 존재의 지평에서 보고, 형이상자인 이理와 형이하자인 기가 조화된 세상을 이해하고 또 추구했다. 율곡에게서는 인간 자체도 이理와 기를 떠나서는 안 되고, 인간의 심성세계도 이理와 기의 조화로운 관계를 이상으로 여겼다. 그러므로 퇴계처럼 이理를 절대시하고 신성시하기보다는 기도 이理와 함께 중요하다는 것을 강조하였다. 율곡은 기가 이理보다 더 중요하다고 본 것이 아니라, 퇴계에서 경시되어진 기의 위상과 역할을 새롭게 재인식했다는 점에 주목해야 한다.

그런데 조선의 학파는 정치적 당파와 밀접히 연관하여 전개되었다. 율곡이 살던 시대에 이미 동서 분당의 조짐이 일어 율곡은 이를 많이 우려하였다. 이러한 흔적은 그의 상소문에 잘 나타나 있다. 율곡은 동서 분당의 단초가 되었던 김효원과 심의겸에 대해 양시양비론兩是兩非論으로 비판하고, 소인의 당파는 하나라도 안 되지만, 군자의 당파는 천만이라도 좋다고 설명하고 있다. 이러한 노력에도 불구하고 율곡 자신의 의도와는 상관없이 동인 서인의 당파는 현실로 나타나고, 율곡도 서인의 일원으로 살지 않을 수 없게 된다. 결국 영남학파 내지 퇴계학파는 동인이 되고, 기호학파 내지 율곡학파는 서인이 되었는데, 훗날 다시 영남학파는 남인과 북인으로 갈라지고, 기호학파는 노론과 소론으로 갈라지게 되었다.

기호학파는 율곡 이후 사계 김장생沙溪 金長生, 우암 송시열尤庵 宋時烈, 수암 권상하遂庵 權尙夏, 남당 한원진南塘 韓元震, 외암 이간巍巖 李柬 등으로 이어졌는데, 송시열과 윤선거尹宣擧, 윤증尹拯 부자와의 불화로 인해 다시 노론과 소론으로 분당되고, 윤선거, 윤증 계열은 우계학파로 전개되어, 양명학파의 형성과 전개에 주도적 역할을 했다. 영남학파가 퇴계학의 계승, 주리철학의 계승에 주력해 보수적 경향을 보였다면, 기호학파는 불교나, 도가, 양명학, 화담의 기학파도 소통하면서 보다 열린 철학으로 전개되어, 성리학뿐만 아니라 실학, 예학, 양명학, 호락론湖洛論 등 다양한 색채로 전개되었다.

율곡의 대표적인 문인으로는 사계 김장생沙溪 金長生, 1548~1631, 중봉 조헌重峰 趙憲, 1544~1592, 수몽 정엽守夢 鄭曄, 1563~1625, 묵재 이귀黙齋 李貴, 1557~1633, 풍애 안민학楓厓 安敏學, 1542~1601, 송애 박여룡松崖 朴汝龍, 1541~1611, 자장 김진강子張 金振綱 등이 있다. 율곡학파는 김장생에 이르러 번창하게 되었는데, 그의 문인으로는 아들인 신독재 김집愼獨齋 金集, 1574~1656을 비롯하여 우암 송시열尤庵 宋時烈, 1607~1689, 동춘당 송준길同春堂 宋浚吉, 1606~1672, 초려 이유태草廬 李惟泰, 1607~1684, 송애 김경여松崖 金慶餘, 1596~1653, 계곡 장유谿谷 張維, 1587~1638, 석문 이경직石門 李景稷, 1577~1640 등이 있었다. 특히 송시열대에 와서 율곡학파는 크게 번창하고 하나의 학파로서 정체성을 갖게 되었다. 송시열의 문하에 수암 권상하遂庵 權尙夏, 1641~1721, 지촌 이희조芝村 李喜朝, 1655~1724, 외재 이단하畏齋 李端夏, 1625~1689, 서포 김만중西浦 金萬重, 1637~1692, 손재 박광일遜齋 朴光一, 장암 정호丈巖 鄭澔, 1648~1736 등이 있었고, 권상하의 문하에서 사람의 본성과 사물의 본성이 같으냐 다르냐 하는 인물성 동이논쟁이 일어나 한 시대를 풍미했다. 인성과 물성이 같다고 본 낙론洛論은 외암 이간巍巖 李柬, 1677~1727이 주도했고, 다르다고 본 호론

湖論은 남당 한원진南塘 韓元震, 1682~1751이 주도하였다.

위 율곡학파가 율곡의 직계라면, 직접 율곡에게서 배우지는 않았지만 율곡을 존경하고 율곡의 설을 좇았던 비사승非師承 율곡학파가 있었다. 하나는 정관재 이단상靜觀齋 李端相, 1628~1669 계열로 창계 임영滄溪 林泳, 1649~1696, 농암 김창협農巖 金昌協, 1651~1708, 삼연 김창흡三淵 金昌翕, 1653~1722 등이 이에 속한다. 또 하나는 도암 이재陶庵 李縡, 1680~1746 계열인데, 미호 김원행渼湖 金元行, 1702~1772, 역천 송명흠櫟泉 宋明欽, 1705~1768, 녹문 임성주鹿門 任聖周, 1711~1788, 운호 임정주雲湖 任靖周, 1727~1796 등이 이에 속하는데, 김원행의 문하에 이재 황윤석頤齋 黃胤錫, 1729~1791, 담헌 홍대용湛軒 洪大容, 1731~1783 같은 실학자가 있고, 또 근재 박윤원近齋 朴胤源, 1734~1799, 영재 오윤상寧齋 吳允常 등이 있었다. 박윤원 이후 매산 홍직필梅山 洪直弼, 1776~1852ー전재 임헌회全齋 任憲晦, 1811~1876ー간재 전우艮齋 田愚, 1841~ 1922로 이어져 한말까지 그 맥이 지속되었다.

2
성리학과 실학의 징검다리

　율곡학은 성리학과 경세적 실학이 하나의 체계로 구성되어 있다. 이는 그의 '이기지묘理氣之妙'가 학문으로 구현된 것이라 할 수 있다. 즉 이학理學으로서의 성리학과 기학氣學으로서의 경세적 실학이 하나로 종합되고 융섭된 체계이다. 그러므로 율곡학에 대한 진정한 이해는 성리학과 경세적 실학을 함께 이해하는 데 있다.

　율곡은 자타가 공인하는 조선의 대표적인 성리학자이다. 그는 주자학을 충실히 계승하면서도 주자학의 미진한 부분을 보완하고 각론적 이론을 정립하였다. 특히 그의 이기지묘理氣之妙, 기발이승氣發理乘, 이통기국理通氣局의 이론은 삼위일체가 되는 율곡 성리학의 진수라고 할 수 있다. 이러한 율곡 성리학의 이론들은 주자를 비롯한 송학에 담겨 있을지라도 그 표현 자체는 율곡의 것이다. 물론 '이기지묘'도 중국이나 조선의 유학자들이 간헐적으로 사용한 용어이고, '기발이승'도 퇴계가 고봉과의 논변과정에서 도출한 용어임이 분명하다. 그렇지만 이기지묘, 기발이승, 이통기국이 율곡의 성리학을 대표하는 화두로 남게 된 것은 중요한 의미가 있다. 율곡은 이 세 가지 명제를 중심으로 그의 성리학을 전개하였고, 이것들은 상호 연계되어 조선성리학의 특징으로 자리하였다.

그런데 율곡의 철학이 중요한 것은 그가 성리학만을 전공하지 않았다는 점이다. 그는 누구 못지않게 나라와 백성을 걱정하는 우환의식을 가지고 있었고, 탁월한 경세론을 가지고 있었다. 특히 16세기 후반 조선의 현실을 경장기로 진단하고 전면적인 개혁을 주장하였다. 율곡의 개혁론이나 실학사상은 조선 후기 실학에 크게 영향을 미쳤기에 율곡을 가리켜 '조선 후기실학의 선구자'라 일컫는다. 성호 이익星湖 李瀷, 1681~1763도 율곡과 반계 유형원磻溪 柳馨遠, 1622~1673을 가장 대표적인 경세가로 평가하고 있는데, 이것은 그의 경세에 대한 관심, 개혁에 대한 관심이 매우 열정적이고 체계적이었음을 말해주는 것이다.

성리학과 실학은 체와 용의 관계에 있다. 성리학은 실학의 철학적 기반이 되고, 실학은 성리학이 가야 할 이정표라 할 수 있다. 성리학은 실학으로 완성되어야 하고, 실학은 성리학에 기반해야 한다. 실학을 단순히 과학기술학이나 경제학으로 보아서는 안 되는 이유가 바로 여기에 있다. 실학이라 해서 잘 먹고 잘사는 것만을 의미하지 않는다. 조선의 많은 실학자들은 윤리, 정의, 인간의 존엄을 바탕에 깔고 물질적 풍요와 부국강병을 주장하였다. 이런 면에서 율곡이 성리학과 실학을 겸비하고 있는 것은 매우 바람직한 것이고, 또 훌륭한 점이라 할 수 있다.

율곡의 실학정신은 그의 무실務實사상으로도 잘 입증된다. 이미 앞에서 말한 대로 율곡은 당시의 문제점을 실實이 없는 무실無實현상에서 찾았고, 진실성, 실천성, 실용성을 추구하는 무실務實정신의 진작과 고취를 극력 주장하였다. 이는 그의 「만언봉사萬言封事」를 비롯한 수많은 상소문과 「동호문답東湖問答」 등에 잘 나타나 있다. 아울러 그의 실학정신은 이론이나 관념으로만 머문 것이 아니고 그의 삶에 실천궁행으로 드러났다는 점을 주목해야 한다. 백사 이항복白沙 李恒福, 1556~1618에 의하면 율곡이 해주에 살 때에는 대장간을 손수 차리고 호미를 만들어 그것을 팔아 생활을 꾸려나갔다 한다. 율곡이 살았던 16세기 후반은 역사적으로는 15, 16세기 성리학의 시대에서 17, 18세기 실학의 시대로 넘어가는 것이지만, 율곡이 성리학과 실학의 징검다리 위치에 있음은 중요한 의미가 있다. 율곡이 단순히 사변적인 성리학자에 머물지 않고, 나라와 민생을 걱정하는 우환의식에 투철하였고, 개혁에의 열정과 준비된 프로그램을 가지고 있었다는 점을 높이 평가해야 한다. 이러한 그의 개혁안이나 경세대책은 뒤이은 실학자들에게 직, 간접적으로 많은 영향을 미쳤다. 율곡이 조선유학사에서 어떤 위치에 있느냐 하는 데 있어 중요한 포인트가 바로 성리학과 실학의 중간적 위치에 있다는 점이다.

3
이理와 기의 철학을 조화하다

성리학에서 이理와 기氣는 존재를 설명하는 방식이면서 동시에 가치적 의미를 갖기도 한다. 또 존재론이나 가치론에서

이理와 기 가운데 어느 쪽에 더 강조점을 두고 무엇에 주도적 위치를 부여하느냐에 따라 성리학자들의 지형이 판독된다. 이런 점에서 필요에 의해 부득이 주리主理, 주기主氣의 용어를 사용하기도 한다. 주리, 주기는 이미 퇴계와 고봉 기대승高峰 奇大升 간에 오고 간 성리논쟁에서 언급된 바 있다. 주리, 주기 의 사용이 무조건 잘못된 것으로 보는 것은 문제가 있다.

조선의 수많은 유학자들이 우주 자연과 인간을 어떻게 보고 있으며, 인간이 지향해야 할 가치를 어떻게 보고 있느냐 하는 것을 일률적으로 단정하는 것은 무리다. 왜냐하면 유학자들 마다 그 주장이 다르고, 같은 중에도 또 미세한 부분의 차이가 발견되기 때문이다. 그러므로 부득이 주리, 주기, 이기조화라 는 잣대를 세워 분별해 보지 않을 수 없는 것이다.

율곡 이전의 성리학적 지형은 회재 이언적晦齋 李彦迪, 퇴계 이황退溪 李滉 중심의 주리主理철학과 화담 서경덕花潭 徐敬德 중심의 기氣철학이 병존해 왔다. 사실 조선의 성리학은 기본적 으로 주리의 기반 위에 있다 해도 지나치지 않는다. 즉 대부분 의 성리학자들이 인간 심성에서 도덕이성의 우위성을 인정하 고 있기 때문이다. 그런데 서경덕이 이런 분위기와는 달리 순수하게 자연철학의 문을 연 것은 매우 이채로운 일이었다.

율곡은 퇴계의 주리와 서경덕의 주기를 융섭하여 이기理氣 조화의 철학을 열었다. 이 이기조화의 율곡적 표현이 '이기지 묘理氣之妙'라고 할 수 있다. 본래 이기지묘란 이理와 기의 오묘한 관계성을 의미하는 말인데, 여기에는 여러 가지 함의가 존재한다.

율곡의 이기론을 보면 이理와 기氣의 유기적 구조를 전제한다. 율곡은 이理 없는 기도 없고 기 없는 이理도 없다고 한다. 또 이理가 있으면 반드시 기도 있어야 하고, 기가 있으면 이理도 반드시 있어야 한다고 말한다. 이理나 기 어느 하나만으로는 존재 구성에 미흡하다. 하나의 존재가 성립하려면 이理도 기도 모두가 꼭 있어야 한다. 따라서 이理도 기도 그 홀로서는 반쪽이고 불완전하다. 달리 말하면 이理는 기를 통해 온전해지고, 기는 이理를 통해 온전해진다. 퇴계처럼 기 없이도 이理가 초월적으로 존재한다는 것을 율곡은 인정하지 않는다. 이理와 기는 시간적으로 선후가 없고 공간적으로 간극이 없다. 이理와 기는 본래 하나의 존재양태로 있다. 이처럼 율곡은 존재론에 있어서 반드시 이理와 기가 함께 있어야 한다고 보았다. 그것은 본체세계에서나 현상계에서나 마찬가지다.

또한 인간의 심성세계도 우주 자연과 마찬가지로 이理와 기가 오묘하게 하나의 모습으로 있다고 보았다. 인간의 마음도, 본성도, 감정도, 의지도 이理와 기가 함께 있다. 율곡은 자연과 인간을 모두 이理와 기의 조화체로 규정하였다. 퇴계가 사단과 칠정을 달리 설명한 것과는 달리, 율곡은 자연과 인간을 모두 기발이승氣發理乘의 존재, 이기지묘理氣之妙의 존재, 이통기국理通氣局의 존재로 설명하였다.

'이기지묘'는 율곡철학의 입장이면서 동시에 존재를 보는 창이다. 그뿐만 아니라 이기지묘는 율곡철학의 가치적 지향점이기도 하다. 이理와 기의 조화와 균형이 율곡철학의 중요한 정신이다. 율곡이 이理는 작위하지 않는 것, 기는 작위하는 것으로 규정하였다 해서, 율곡의 이理가 무의미하다고 보는 것은 율곡철학에 대한 오해다. 율곡에 의하면 이理는 비록 그 스스로는 작위하지 않지만, 작위하는 기로 하여금 작위케 하는 원인이 되는 동시에 작위의 기준을 제공한다. 그래서 율곡은 기가 아니면 발할 수 없고, 이理가 아니면 기가 발할 바가 없다고 설명하였다. 발용하는 실체는 기지만, 이理가 아니면 그 기의 고유한 발용도 애당초 불가하다는 말이다. 이것이 어찌 이理의 무능을 말한 것이겠는가? 이理는 일종의 '부동不動의 원동자原動者'라고 할 수 있다.

또 인간의 심성에서도 율곡은 이理와 기의 역할과 기능을 함께 존중하였다. 하늘로부터 부여받은 천리로서의 선한 본성은 반드시 실현되어야 하는데, 그 실현의 주체는 기이기 때문이다. 기가 아니면 인간의 마음이나 본성(기질지성)이나 감정도 실현될 수 없다. 그리고 본래 선한 본성이 온전히 실현되기 위해서는 기질의 상태가 중요하다. 기가 어떠한가가 이理의 선악을 좌우한다. 인간의 심성 속에서 이理와 기의 역할을 균형 있게 보고자 한 것이 율곡철학의 본래 정신이다. 그리고 율곡의 이러한 인간관은 도덕이성에만 매몰된 이상주의적 인간관도 아니고 생리적 본능에 매몰된 현실적 인간관도 아니다. 지성과 덕성 그리고 감성과 욕구가 잘 어우러진 온전한 전인적 인간관을 말하는 것이다.

또한 이기지묘理氣之妙는 율곡이 지향한 가치적 이상이기도 하다. 퇴계가 이理의 실현을 이상으로 삼았다면, 율곡은 이理와 기가 조화된 세상을 희구하였다. 그것은 율곡의 철저한 이기지묘 철학에서 기인한다. 이理도 중요하지만 기도 중요하다는 것이 율곡의 기본적인 이해다. 이理와 기를 철저하게 상보적으로 인식한 것이 율곡철학이다. 이理의 가치와 기의 가치를 동등하게, 균형 있게 보고자 한 것이 율곡이다. 혹자는 성리학의 상식에 반하는 주장이라 의아해 할 수도 있지만, 그의 이기론에 대한 설명 방식은 이를 잘 뒷받침해 준다. 예컨대 "발하는 것은 기요 발하게 하는 까닭은 이理다. 기가 아니면 발할 수 없고, 이理가 아니면 기가 발할 바가 없다"라든지, "이理는 기의 주재요 기는 이理의 탈 바이다. 이理가 아니면 기는 근거할 바가 없고, 기가 아니면 이理는 의착할 바가 없다"는 표현이 그렇다. 여기서 율곡은 이理와 기를 완전하게 대등의 관계로 놓는다. 이理 없는 기, 기 없는 이理는 모두가 불구요 결핍이다. 이理는 기를 상대적으로 보구補救하고 기는 이理를 상대적으로 보구한다. 피차가 유기적으로 연관해 있다. 마치 불교의 연기설을 연상케 한다. 이것과 저것의 상관성, 이理와 기의 유기적 구조 이것이 율곡 존재론, 이기론의 근본정신이다.

이러한 율곡의 이기理氣의 상보성을 가치론으로 대입하면,

홀륭한 철학이 나오게 된다. 예컨대 정신과 물질은 서로 반대지만 상보적이다. 정신 없는 물질, 물질 없는 정신은 반쪽이요 불구다. 정신과 물질이 둘이지만 하나로 조화되는 세상, 이것이 율곡이 꿈꾸는 세상이다. 또 도덕적 가치와 경제적 가치는 서로 상반되지만, 인간에게 반드시 필요한 두 가치다. 율곡은 경제와 도덕, 도덕과 경제가 서로 다른 둘이지만 하나로 조화될 때, 그것이 우리가 추구하는 이상세계라고 보았다. 이러한 예는 얼마든지 열거할 수 있다. 이러한 율곡의 이기지묘의 철학정신이 이 시대에 우리가 가야 할 지향점이 아닌가?

역사적으로 조선시대가 도덕과잉으로 물질적 결핍의 시대였다면, 현대사회는 경제적으로는 풍요롭지만 도덕적으로는 궁핍한 시대다. 또 해방 이후 정치적으로 보아도 박정희시대는 근대화, 산업화, 경제화로 부국강병은 성공했지만 인권과 자유와 정의가 유린된 시대였다. 반면 김대중, 노무현 정권은 정의, 인권, 평등이 강조된 이념과잉의 시대로 민생이 경시되었다. 21세기 우리가 가야 할 정치의 이정표는 경제화와 민주화, 물질적 풍요와 도덕적 정의가 함께 추구되는 대동세계, 왕도정치라 하겠다. 이 철학정신이 율곡이 말하는 이기지묘의 진정한 의미다.

율곡은 그 스스로 이기지묘의 삶을 살았다고 할 수 있고, 그의 학문도 이기지묘의 성격을 지니고 있다. 그는 성리학을 전공한 철학자의 삶을 살면서 또 경세적 실학을 몸소 실천한 정치가, 행정가의 삶을 살았다. 또 그의 학문세계도 한편 이학理學으로서의 성리학을 전공하면서 또 다른 한편으로는 기학氣學으로서의 경세적 실학을 하였다.

조선유학사에서 주리도 아니고 주기도 아닌 이理와 기의 조화와 균형을 추구한 대표적인 철학자라는 점에서, 그의 유학사적 위상을 새롭게 평가할 수 있다. 그리고 율곡의 이러한 이기조화의 철학정신은 시대나 공간을 떠나 보편적으로 적용되어야 할 가치관이요 정치철학이라 할 수 있다.

세창사상가산책 **2** │ 이율곡